協力と抵抗の内面史

戦時下を生きたキリスト者たちの研究

富坂キリスト教センター編

新教出版社

装丁　渡辺美知子

目　次

共同研究のねらい

戒能信生

研究会の呼びかけ

戦後七〇年を数える今、この国は再び「新しい戦前」を迎えようとしています。秘密保護法の成立、武器輸出三原則の撤廃、集団的自衛権の解釈変更といった矢継ぎ早の政治的動向のみならず、中国や韓国、北朝鮮など東アジア諸国との対立と緊張が高まり、さらに新たな民族主義や排外的気分に覆われつつあります。

富坂キリスト教センターは、土肥昭夫先生を中心に「近代天皇制」共同研究を三期にわたって継続し、近代日本の歩みとキリスト教との関わりを、天皇制を軸として歴史的に検証してきました。その成果を踏まえつつ、これまでの包括的な研究では触れ得なかった個別研究、すなわち戦時下をくぐり抜けたキリスト者たちの内面に分け入って、それぞれの信仰と時代局面との矛盾や葛藤を抉出することを試み、歴史的諸相をより精確に把握する必要があります。

そのことを実証した学際研究の一つが、H・E・テートの著書『ヒトラー政権の共犯者・

犠牲者・反対者――〈第三帝国〉におけるプロテスタント神学と教会の〈内面史〉のために』（創文社、二〇〇四年）です。この共同研究は、戦争「協力者」や「抵抗者」といった一面的な評価を克服する方法として、個々人の内面の歩みに注目しています。個々の内面史（当事者の心の葛藤、相克や矛盾など）を検証することにより、十把一絡げの評価や決めつけを乗り越え、ナチス政権下におけるキリスト者たちの動向、すなわち追随・加担・協力、そして沈黙・拒否・抵抗の諸相を重層的に跡づけようとする試みです。この国においても、戦後『思想の科学』を中心に広範な「転向研究」がなされていますが、その視点や方法がキリスト教史研究には必ずしも織り込まれてきませんでした。とりわけ、東アジアのキリスト者たち（在日も含めて）との関わりでの検証は依然として不十分なままです。すなわち、戦時下において日本の教会とキリスト者がその時々にどのように時代を認識し、順応と抵抗との間を揺れ動いたのか。また植民地統治下のアジアのキリスト者たちが日本の教会に何を期待し、あるいは期待しなかったのか。そして日本の教会はそれにどのように応えたのか、応えられなかったのか。この研究会の視座は、戦時下における日本、台湾、朝鮮、中国のキリスト者たち、さらに女性、子どもたちの目に、それはどう映っていたかにも向けられます。

従来議論されてきた「福音と律法」「信仰と行為」といった神学的な枠組み、あるいは「世俗化と宗教化」の二項対立からだけでなく、戦時下をくぐり抜けたキリスト者一人一人の内面史に分け入り、その葛藤と挫折に寄り添いながら、今日における神学的・信仰的な課題を汲み取っていくことを目的としています。それこそが、現在の東アジアの教会とキリスト者たちの眼差しに応える私たちの責任であると考えているからです。

また、この研究会の成果について、学問的な深みを保持しながらも、日本の社会と教会に語りかける語調を探求したいと願っています。学術論文としてだけではなく、「世のためにある教会」としての使命をできる限り多くの人に共有していただきたいと願っているからです。

研究員は、戒能信生（座長、千代田教会牧師）、李省展（恵泉女学院大学教員）、徐正敏（明治学院大学教員）、渡辺祐子（明治学院大学教員）、大久保正禎（王子教会牧師）、上中栄（日本ホーリネス教団鵠沼教会牧師）、髙井ヘラー由紀（明治学院大学研究員）、矢吹大吾（四街道教会牧師）の諸氏です。これ以外のゲスト研究員もお招きして、重層的な研究会になることを願っています。

なお、この研究会は二〇一五年一〇月から三年間継続し、その研究成果を二〇一九年に刊行する予定です。ご期待ください。

＊

この呼びかけをもって、「戦中戦後の日本の教会、戦争協力と抵抗の内面史を探る」研究会（略称・内面史研究会）が発足しました。以下は、二〇一五年一〇月九日の第一回研究会において、この研究会の問題意識や方法論について発題した内容を、メモ風に書き留めたものです。

戦時下のキリスト教指導者や牧師たちの言説を調べていて気づかされることの一つは、その人が戦時下においてどのような社会的位置、あるいは立場に置かれていたかということに、その言説が大きく左右されるという事実です。

例えば、矢内原忠雄（終戦時五二歳）は、一九三七年末に東京帝国大学経済学部教授の職を追われており、戦時下は言わば公職を持たず、一介の伝道者として終始しました。したがって戦時下の矢内原の発言や文章として残されているのは、個人誌『嘉信』や、インナー・サークルとでも言うべき自身の家庭集会などでのものがほとんどです。結果として、矢内原の戦時下の発言は、「戦時下において弾圧に屈せず、良心的な抵抗を続け得たほとんど例外的な存在」（家永三郎）と評価されることになります。

他方で、例えば柏木教会牧師植村環（終戦時五五歳）は、日本基督教団婦人事業局局長であり、かつ日本ＹＷＣＡ会長の責任を負っていました。したがって、組織の責任者として、公的な立場から執筆した文章が数多く残されています。それらの多くには、今日の目から見ると、時局迎合的な発言が目立ちます。しかし戦時下の彼女の実際の言動は、きわめて明確に時局批判的なものであったという証言が数多く伝えられています。そのどちらが環の実像なのでしょう。

戦時下の植村環の言動について詳細な検討をした故・荒井英子は、相矛盾する二つの環像の前で「植村環は二人いたのであろうか」と困惑しています（荒井英子「植村環――時代と説教」富坂キリスト教センター編『女性キリスト者と戦争』行路社、二〇〇二年）。しかし歴史研究としては、当然のことながら文字として残されている資料を重視せざるを得ません。ここに戦時下研究の一つの困難があります。

この研究会の課題の一つは、そのような戦時下をくぐり抜けたキリスト者たちの内面に分け入って、順応か抵抗かの二者択一的な単純な分別ではなく、一人一人の葛藤に寄り添う仕方で、その実情を探ることにあります。

さらにこれまでの戦時下研究の欠落の一つは、日本の植民地下にあった邦人教会の存在です。昭和一六年版『基督教年鑑』で数えてみると、樺太一三教会（教会員六三五人）、台湾三六教会（三〇五六人）、朝鮮五六教会（五八二九人）、満洲五一教会（四五三九人）、中国一八教会（一〇一四人）というデータが得られます。これだけの教会があり、これほどの教会員がいたのです。しかしこれらの教会は、敗戦によってすべて「放棄」され、教会員たちは敗戦直後の混乱の中で、大変な苦労をしながら「内地」に引き揚げねばなりませんでした。したがってそれらの邦人教会について資料が残っておらず、これまでほとんど研究の対象になってきませんでした。しかし、ごく最近大連日本基督教会の月報『霊光』が、昭和六年九月の創刊号から昭和二〇年六月発行の一五九号まで、ほとんど欠号もない形で発見されました。大連日本基督教会は、戦前「外地」にあった邦人教会の中でも代表的な存在で、特に大連は満洲の入り口にある港湾都市で、南満洲鉄道の始発駅でもあったことから『霊光』の「個人消息」欄に、満洲を訪れる様々なキリスト者たちの動向を伺うことができます。しかしそこで気がつかされたことの一つは、この『霊光』誌に現地の人々の存在が全く欠けていることです。植民地にあった邦人教会を、中国の人々やキリスト者たちはどのように見ていたのかという問いが浮かび上がります。

この問いはさらに、日本人キリスト者の戦時下の発言や行動を、アジアのキリスト者たちがどのように見ていたかという課題に拡がります。例えば台湾、朝鮮、満洲の邦人教会を、台湾人キリスト者たち、朝鮮人キリスト者たちは、そして満洲に住む人々はどのように見ていたかという難問です。実は、これまでの日本キリスト教史研究に、在日の視点を含めて、これが決定的に欠けていたのではないかと思います。

一つの例を挙げれば、日本組合教会の朝鮮伝道については、海老名弾正や渡瀬常吉等の推進側の問題や、それを厳しく批判した柏木義円や湯浅治郎たちの言説について、これまでも詳細に検証されてきました。しかし、当時この組合教会の朝鮮伝道によって洗礼を受け、「親日派キリスト者」とされた人々がその後どのような道を歩んだのか、そして彼ら彼女らは日本の教会をどのように見てきたのかという課題は、ほとんど取り上げられてきませんでした。そこには資料的にも様々な困難が予想されますが、やはり大きな課題です。

その意味で、福井二郎たちの熱河宣教について、渡辺祐子たちの研究（渡辺祐子・張宏波・荒井英子『日本の植民地支配と「熱河宣教」』（いのちのことば社、二〇一一年）が注目されます。従来、贖罪的な宣教として評価されてきた熱河宣教が、現地の人々からどのように見られていたのかの現地調査をもとに、全く新しい視点から検証されているからです。しかし、それは神話化され美談化されてきたこれまでの熱河宣教の評価を、言わば逆転しただけに過ぎないという批判も生まれています。資料や証言の問題もありますが、さらに日本人伝道者たち、そして現地の人々に寄り添う仕方でその実像を明らかにすることが求められていると言えます。

私自身はこれまで、鶴見俊輔を中心とした思想の科学研究会の一連の「転向研究」に深く学ばされてきました。あの共同研究には、何人かのキリスト者も加わっていますが、そこで獲得された視点や方法が、その後のキリスト教史研究にきちんと取り入れられてこなかったのではないかという感想をもっています。

例えば、ホーリネス弾圧によって逮捕された旧六部九部の牧師たちは、自分たちが何故逮捕されたのか当初理解できなかったと伝えられています。治安維持法違反で検挙されるのですが、その意味を理解できなかったというのです。戦争に反対して法を犯したという意識なしに逮捕された人々にとって、「転向」はどう位置づけられるのでしょうか。逮捕された牧師たちの多くは、上申書を提出しています。官憲の誤解を解き、一日も早く保釈されて家族のもとに帰りたい、あるいは伝道の現場に復帰したいという切なる願いからだったと推測されます。しかしその「上申書」の問題はこれまでほとんど取り上げられてきませんでした。そこに、戦時下のキリスト者の葛藤を読み解く一つの鍵があるのではないでしょうか。

もう一つ、戦時下の教会を、そしてキリスト者たちの歩みを、女性たち、そして子どもたちはどのように見ていたのかという課題があります。当初この研究会に参加を期待していた作家・石浜みかる(健康の問題もあって辞退された)は、『あの戦争の中にぼくもいた』(国土社、一九九二年)という作品を書いています。これは、プリマス・ブレズレンの信仰者であった父・石濱義則が逮捕された戦時下の経験を、その子どもの視点から描いたものです。これとほぼ同じ時期、同じ神戸の中学生であった妹尾河童は、ナザレンの熱心な信徒であった母親の体制批判的な主張と学校で教えられる皇民化教育との狭間で葛藤します。その経験を描いたのが映画にもなった『少年H』です。これらはまさに、戦時下をくぐり抜けたキリスト者の子どもの視点からの証言と言えます。しかしこの『少年H』については『ボクラ小国民』などの銃後史研究で知られる山中亘の『間違いだらけの少年H』（辺境社、一九九九年）という批判があります。これは『少年H』の主人公の勘違いや記憶の過ちを丁寧に検証するという意味もありましたが、それ以上に、あの皇民化教育の下では例外はあり得なかったのではないかという問いを含んでいます。この山中の指摘に対して、私たちキリスト者はどのように応えることが出来るのでしょうか。

＊

以上は、戦時下のキリスト教についてのこれまでの研究について、私自身が感じてきた問題であり課題です。このような難問にどのように取り組んだらいいのでしょうか。

その際、H・E・テートの研究『ヒトラー政権の共犯者・犠牲者・反対者——第三帝国におけるプロテスタント神学と教会の内面史のために』（創文社、二〇〇四年）が示唆的です。これは、ハイデルベルク大学を中心にして、ナチス政権下の抵抗と戦争協力の実相を、一人一人の内面史にまで入り込んで学際的に検証した共同研究が下敷きになっています。そこには、戦後ドイツの戦時下研究の変遷が背景にあると言われています。例えば、敗戦直後のドイツ社会において、当初、ドイツ教会闘争の参加者たちは、英雄視されます。奇跡的に生き延びたM・ニーメラーや、殺害された

D・ボンヘッファーたちが英雄視され神話化されるのです。しかしやがて、時の経過とともにそのような神話は相対化され、逆に再検証されて行きます。その中から、今度はボンヘッファーはスパイであったとか、その義兄で、国防軍情報局長官であったH・v・ドーナニーは実はヒトラーの礼賛者であったというような風評が横行するようになります。これは、残されているドーナニーの手紙の中に、ヒットラー讃美の表現があることを理由とする非難です（その後、これは偽装であることが明らかにされます）。つまり、単純な神話化は、政治的動向によっていくらでもスキャンダル化されたり、利用されたりするのです。そのような言わば十把一絡げの観方ではなく、一人一人の内面史にまで分け入って重層的に検証する必要を教えられます。

以上、私自身の問題意識をランダムにあげてみました。この研究会は、おおよそ以上のような問いと問題意識から始められます。これに各研究員たちの多様な批判を重ねながら、戦時下のキリスト者たちの悩みや葛藤の実像に迫って行きたいと願っています。「新しい戦前」を迎えようとしている今、先人の苦悩の歩みから、さらに深められた豊かな学びをしたいと心から切望しています。

I

「日本的基督教」への道のり
今泉源吉のあゆみ

大久保正禎

1　プロローグ——煩悶・変革・天皇

一九〇三年（明治三六年）五月二十二日、当時十六歳、第一高等学校生だった藤村操という青年が日光華厳の滝に投身自殺をしました。身を投げる直前、彼はそばにあった大樹の皮を削り、持参した筆で短い言葉を書きつけました。「巌頭之感」と題されたその文章は以下のようなものでした。

悠々たる哉天壌、遼々たる哉古今、五尺の小軀を以て此大をはからむとす。ホレーショの哲学竟《つい》に何等のオーソリチィーを価するものぞ。万有の真相は唯だ一言にして悉す、曰く、「不可解」。我この恨を懐いて煩悶、終に死を決するに至る。既に巌頭に立つに及んで、胸中何等の不安あるなし。始めて知る、大なる悲観は大なる楽観一致するを。

一高生というエリートの地位にあった若者が謎めいた言葉を遺して自殺したことは一大センセーションを巻き起こし、「煩悶青年」という言葉が流行語になります。藤村を模倣して多くの若者が自殺に走ったともいいます。

時代は明治維新から三十年を数え、翌年には日露戦争を控えていました。日本がようやく「一等国」という目標を手に入れようという時代です。このような国家の目標の下、日本の若者はこぞって「立身出世」を目指すものと見なされていました。

明治日本の近代化の主眼は工業化と軍事力強化でした。しかし西欧は近代化の過程で市民革命を経験し、その中で国家に対峙する個人の権利を見いだしました。西欧では近代的な技術の発展は、個人の内面の発展と並行して進みました。

日本も近代国家の要件として憲法を制定しましたが、それは市民（個人）が国家に対峙して生み出したものではなく、天皇が「臣民」に「下賜」するものでした。憲法には「大日本帝国ハ万世一系ノ天皇之ヲ統治ス」（第一条）、「天皇ハ神聖ニシテ侵スヘカラス」（第三条）と定められて、国家の統治行為はすべて天皇の絶大な権威を帯びることになりました。さらに憲法発布の翌年に発布された「教育勅語」によって、国民は内面的道徳観まで国家の統制を受けることになります。こうして日本人の内面は、天皇を絶対的権威として掲げる国家の強力な統制の下に置かれることになりました。

ところがそれから十数年後、国家が敷いたレールを「何等のオーソリチィーを価するものぞ」と叫んで退ける若者が現れたことに人々は驚愕したのです。しかしこの時、煩悶のうちに国家の権威を退けた彼が、自己の内奥に見いだしたのは、ただ「不可解」と呼ぶしかないものでした。

藤村は一八八六年生まれ。同世代の中に、彼と同様に時代の矛盾を敏感に感じ取った人々を見いだすことができます。藤村の死から七年後、大逆事件に呼応して『時代閉塞の現状』をつづった石川啄木は藤村と同じ年の生まれです。後に五・一五事件に連座し、東京裁判で民間人としてただ一人A級戦犯として起訴された大川周明も同じ年の生まれ。大川と同じく昭和の超国家主義思想の唱導者となった北一輝は八三年生まれ。少し離れますが、宮沢賢治は藤村より十歳下の九六年生まれです。

いずれも藤村と同じく、若き日に自らの内面世界を模索して苦闘煩悶し、その多くが宗教や社会主義に接近し、やがて個人の内面性にとどまらない社会変革をこころざしていきました。ところが彼らが接近し、あるいはこころざした社会変革は、若き日に煩悶した内面の模索とは裏腹に、むしろ個人の内面性を退けて、身も心も国家に合一することを目指す超国家主義思想につながっていきます。

彼らが青壮年時代を過ごした大正時代は、「大正デモクラシー」と称されて開明的で自由闊達な時代と見られる反面、貧富の格差が広がり、労／使、農村／都市、小作／地主といった社会の分断状況が露わになった時代でもあります。「煩悶青年」は、内面の確立を模索しつつ、近代化の矛盾に直面して変革を志しました。しかし内面の模索は確固たる自己を見いだすことができないまま漂流します。変革は進展せず、対立や分断は深まるばかりです。そんな中で彼らが自己の内面に固有なものとして、しかも分断された「個」を超えるものとして見いだしたのは、「天皇」でした。彼らは結局、憲法や教育勅語によって外から植え付けられたものを自分の内に見いだしただけとも見えます。しかし彼らが自己の内面の奥底に見いだした天皇は、それまでの「上から」の統制のための権威ではなく、「下から」の自発的で能動的な社会変革と統合のシンボルとしての天皇でした。それは個人の内奥から湧き出して、社会を分断する権力者たちを「君側の奸」として退けてすべてを合一する理念でした。

こうして「煩悶」世代の青年たちが生み出した天皇との一体化の理念は、昭和の超国家主義思想を形作り、権力者に対するテロやクーデターを引き起こしていきます。しかしテロは断罪され、クーデターは鎮圧されました。後に残ったのは、「煩悶青年」たちの超国家主義を飲み込んで無際限に天皇を権威づけつつも、社会の矛盾を解決することなく、ひたすら膨張して戦争を推し進める、顔のない「権力」そのものだけでした。

2　「日本的基督教」

プロローグに述べたことは一見キリスト教とは何のつながりもないように見えます。しかし、元来国家の敷いたレールとは違う道筋を探求しながら、結局国家権力による無際限の天皇崇拝に飲み込まれていった点で、日本のキリスト教と「煩悶青年」たちとは重なるようにも思えます。

戦時下の日本のキリスト教による国策への協力は、国家の統制という「外圧」に屈し、迎合する形でなされたと見なされてきました。しかしそれだけでなく、「外から」の力によって受動的に屈服、迎合させられる以前に、キリスト教の「内から」、煩悶や変革の末に、能動的に国家崇拝・天皇崇拝に踏み込んでいく道筋がありました。

ここに取り上げる三人のキリスト者たち、高倉徳太郎、森明、今泉源吉は、いずれも「煩悶青年」世代（高倉は一八八五年、森は八八年、今泉は九一年生まれ）です。皆、若き日に自我の問題を巡って煩悶し、後にはキリスト教による社会の変革、またキリスト教自身の変革をこころざした人々でした。

高倉と森は牧師ですが、今泉はもともと信徒で法律家でした。しかし森の死後、請われて森の後を継ぎ、中渋谷教会の主担者（牧師に代わり教会の役務を務める）となりました。高倉も森も当時、若手の牧師や信徒の敬愛を集め、当時のキリスト教の発展に寄与した伝道者として今も記憶されています。しかし今泉の名前がキリスト教発展の功労者として想起されることはありません。彼が「みくに運動」という「日本的基督教」の運動に進んでいったためです。彼はやがて「天皇陛下即神也」と叫ぶにいたります。

「日本的基督教」は、一九三〇年代、日本がファシズムへと突き進んでいく時代に、日本のキリスト教各派から沸き起こりました。キリスト教の三位一体の神を日本神話の神々に重ねるものや、キリスト教信仰と天皇崇拝の両立を説くもの、キリスト教が日本の天皇崇拝に出会って新たな展開を遂げると説くものなど様々な形態がありました。共通するのは、当時天皇崇拝に一元化されつつあった日本の歴史や文化、風土、ひいては国策にいたるまで、日本の固有性を無批判にキリスト教につなげて信奉する点です。これら「日本的基督教」は「外圧」よりも前に、能動的に国家崇拝や天皇崇拝に踏み込んでいきました。そのため、これを唱えた人々は安易に迎合に走った、一部の特殊な「異分子」と見なされてきたのです。

しかし「日本的基督教」は安易に迎合に走った一部の人々の特殊な運動であって、他の日本のキリスト教の思想や神学には関係ないと言えるかどうかは再考が必要です。「日本的基督教」を提唱した人の多くは、日本基督教会や日本組合基督教会など当時主流の教派から出ています。後にはこれら主流の教派の主導によって、国策に沿って日本基督教団が結成されました。その後のキリスト教の言説は「日本的基督教」と同様、国策に同調して天皇を賛美し、戦争をあおる呼号であふれていきます。

「日本的基督教」の極端な主張と、日本の主流キリスト教の戦時下のありようとは決して無関係ではありません。その関わりを、今泉源吉という人が「日本的基督教」に進んでいった道のりをたどりながら見ていきたいと思います。

3　今泉源吉という人

今泉源吉は一八九一年生まれ。父は旧佐賀藩士、母は将軍徳川家宣の侍医を務めた桂川甫筑を初代とする蘭学者の家系で、母美根の父、七代目桂川甫周（国興）は奥医師を務めていました。戦後、今泉は桂川家に伝わる膨大な文献の書誌を詳細につづった大著『蘭学の家　桂川の人々』全三

今泉源吉

巻を著しています。

　源吉は早くに父を亡くし、病弱だった長男に代わって家督を継ぎますが、自身も病弱でしばしば病気療養をしています。母がまずキリスト教に入信し、一八九七年に東京・四谷浸礼教会にて岡崎福松牧師から受浸します。源吉自身は興津で洗礼を受けます。鹿児島の第七高等学校に進学し、そこで日本基督教会の上与二郎牧師、また後年中渋谷教会で今泉の後任となる山本茂男と出会います。上与二郎牧師から中渋谷教会の森明牧師を紹介され、東京帝大に入学してからは中渋谷教会に所属し、一九一九年の帝国大学学生基督教共助会の発足に参加し、発足時の幹事に選任されています。

　基督教共助会は森明牧師によって始められたキリスト教の学生団体です。森明は明治初期の外交官で初代文部大臣となった森有礼の息子です。有礼は明が一歳に満たない時に国粋主義者に刺殺されました。

　学生伝道に取り組んだ森牧師のもとには多くの若者が集まり、共助会の発展に奔走しました。今泉もそんな森牧師を慕う若者の一人でした。

　今泉は一九二三年に東京帝大を卒業し、司法官試補として静岡地裁に勤務します。翌年横浜地裁に転任し、そこで関東大震災に遭い、さらに甲府裁判所に転任します。

　一九二五年の三月中旬、甲府にいた今泉のもとに、中渋谷教会で信仰生活を共にした浅野順一と山本茂男が訪れます。二人は森牧師が亡くなったことを告げると共に、今泉を後任の中渋谷教会主担者とするという教会の決議を伝えます。森牧師は持病のぜんそくの悪化により三月六日に亡くなりました。二人は森が臨終の際に後任牧会者に今泉を当てるよう遺言したことを語りました。

これを受けて今泉は中渋谷教会の主担者に就任します。しかし神学を専門的に学んでいなかった今泉に、牧師と同等の務めを負う主担者の立場は重いものでした。そこに当時東京神学社の校長に就任したばかりの高倉徳太郎が声を掛け、神学社の授業に自由に出入りすることを許します。ここから今泉と高倉の交流が始まります。

4　宗教法案反対運動

一九二七年六月、「宗教法案」が貴族院に提出されます。宗教法案は一八九九年に一度提案されましたが、仏教側の強固な反対のために廃案になっていました。第一次法案が教師の処分権を監督官庁に与えたのに加え、新たな法案は「宗教ノ教義ノ宣布、儀式ノ執行又ハ宗教上ノ行事ニシテ安寧秩序ヲ妨ケ風俗ヲ壊《やぶ》リ又ハ臣民タルノ義務ニ背《そむ》クノ虞《おそれ》アリト認ムルトキハ監督官庁ハ之ヲ制限シ又ハ禁止スルコトヲ得」として、これに従わない時は宗教団体の設立許可を取り消すことも可能とされており、国家による統制を一層強めるものとなっていました。

法律家だった今泉は日本基督教会の法案反対運動の中心に立ちました。日本基督教会の側でも今泉の講演録をパンフレットにして配布するなど、今泉の活躍に期待したことがうかがえます。

今泉の批判はおおよそ以下のようなものでした。そもそも信教の自由を定めた憲法二十八条の

「安寧秩序ヲ妨ケス及ヒ臣民タルノ義務ニ背カサル限リ」との制限は、この条項の根本精神から理解されるべきであって最小限に理解されなければならない。「安寧秩序ヲ妨ケ風俗ヲ壊リ又ハ臣民タルノ義務ニ背クノ虞アリ」（傍線筆者）というだけで、予防的に宗教上の自由を制限するのは信教の自由を保障する憲法の精神に反する。信仰を持たない文部大臣が、法王のように教義や儀式の事項を含む教団規則の認可権や処分権を持つのは時代錯誤である。法案には憲法を打ち立て信教の自由を認めた若い日本の旺盛な精神が失われており、かえって宗教的文化を滅亡に導くものである。

この法案は結局廃案となりました。二九年に「宗教団体法案」が提出されると、今泉は再び反対運動の中心に立ちます。今泉はいずれの法案に対しても正統的信仰に固く立ち、かつ法律家らしく憲法に依拠しつつ自由主義的な憲法解釈を推し進める、リベラルな論陣を展開しています。結果、この法案も廃案に至りました。

しかし、三九年に提出され成立に至った「宗教団体法案」（第二次）に今泉は関わっていません。今泉はすでに、後述する「みくに運動」の渦中にありました。

5　回　想

今泉は後年この宗教法案反対運動について繰り返し回想しています。一度は「日本的基督教」運動のさなか、もう一度は敗戦後です。長くなりますが、微妙に異なる二つの回想を見ながら、当時の今泉の内面を探ってみたいと思います。まずは「日本的基督教」運動のさなかの回想です。

昭和二年から四年と二回宗教法案が議会に出されたが、私は猛然之に反対した、生命をかけてもと思ってぶっつかった。どうしてあんな熱《ママ》が自分の中にあったと思う位だった。あの法案は、明治天皇が憲法で信教自由を御ゆるし下さった思召に副わないものである。官僚的な法律万能の立法で、国民に信仰がどんなに必要な霊の糧であるかを理解しない。一時の行政上の勝手な都合で信仰が左右されてたまるものかと云う気持であった。あんな法案は国の恥辱だとまで思った。……寡はよく衆を制してこの法案は二回とも葬り去られた。しかし私が胸には勝利者の悲哀もあった。

それは神社は宗教かどうかの問題であった。そこに大きな問題が残されていたからである。

……自分の心の中では少なからぬ煩悶があった。私まで自分が信仰の自由を叫んだのもそれは教会のためでもなく、自分のためでもない。おこがましいが皇国を思う至情であった。然るに神社問題につきあたってぐらついた。信教自由は何のためにあるのか、神社を自分は本当に認識しているか、神社を知らずして、国体がわかるであろうか。この疑問は遂に私をして教会を辞せしめ、大学院に入って、神社問題の法制的研究をなさしむるに至ったのであった。自分では一生懸命であった。しかも神社について敬虔の念の足りなかった自分は、むしろ見当ちがいの研究に没頭した。徒に問題の皮相をさぐっていて、どうして神社問題が重大なのかつかめなかった。その時、一大痛棒が頭上に下った。それは美山貫一先生の御言葉である。

『信教の自由のために戦った君は、たのもしい青年だと痛快に思っていますが、いい気になって神社の事までもあれこれ云うのは、飛んでもない事です。神社の森へ行って御覧なさい。あんな浄い尊い場所は世界の何処にもありません。神道を単純に受け入れる心にだけ、聖霊が下るのです。君はまだ片袖にプレスビテリアンの教師服、片袖に裁判官の法服をぬぎすてないで、どうして神社の鳥居がくぐれるものですか。思いきって神道をとり入れなさい。みそぎをして出直しなさい』

おぢいさん、何を知ってるものか、とむっと反抗心が起って、憂鬱な心地でそこを辞したが、不思議にもそれが転機となって心の夜明けが来た。私がキリストの十字架を信じるのも、それによって霊眼ひらけて、天照大神を拝し奉る一つの段階であることがわかった。(「神社の尊厳」『みくに』第四巻九号、一九三八年九月)

次に、戦後の回想を見てみます。

とうとう宗教団体法案は廃案の憂き目に会いました。

これを祝う祝賀会が催され、わたしは、そこに列席していました。出席したおおぜいの皆さんは口々に、信仰の自由はこれで守れた、と云って、心から感謝の祈りをされていました。が、その時のわたしには、単純に喜べない何物かが、心の中にはいっていました。信教の自由という問題が、そのまま神社問題に響いてこないということでした。日本人の精神構造の深いところに位するもの、これが神社問題ではないか。これが、信教の自由とどこでクロスするのだろうか、これが解決しなければ、こういった問題は、もう一度出てくる、これを、わたしは生涯の研究テーマにしてみよう――。わたしは、祝賀会の席上、こう心に決めたのでした。

こう決心すると、わたしは矢も盾もたまらず、その中に没入してしまうのです。ほかのことが、なにも目につかなくなってしまうのです。

……クリスチャンとして神社問題を、日本人の精神構造の深層に立ち入って研究しようとした時、多くの人たちから、いろいろな忠告やら批判やらを受ける破目になりました。どれもこれも親切なものばかりでしたが、これこそ、わが終生の使命とばかりにとび込んでしまいました。

それから十年たちます。再度宗教団体法案が貴族院に提出されました。……が、当時、すでに多くの人から批判を浴びるようになっては、すでに、大衆行動に訴えることにならず、ひとり苦しく、その法案の審議ならびに成立を見るのみでした。

そして、結局は、その法案が足がかりとなって、あの戦時中のキリスト教弾圧とつながっていきました。（「名ごりの夢々」『キリスト新聞』一九六七年）

戦前の回想は宗教法案反対運動を通じて「神社問題」さらに「天照大神」へ行きついたことを述べます。ここで今泉が「煩悶」という言葉を使っていることが目を引きます。戦後の回想は逆に、そのことへの反省を物語っています。しかし宗教法案に対する反対を述べる点では戦中も戦後も変わりません。その立場からどうして「神社問題」にこだわり「日本的基督教」に向かうことになるのか不思議に思えます。今泉の内面をさらに探るために、もう一つ別の側面に目を向けてみたいと思います。それは、今泉が参加した教会革新運動です。

6　教会革新運動

中渋谷教会の主担者となった今泉を、東京神学社の校長だった高倉徳太郎が助けたことはすでに述べました。一九二九年、東京神学社が明治学院神学部と合同して日本神学校となり、高倉が教頭になると（後に校長事務取扱に就任）、今泉は法律を教える講師としてそこに迎えられます。また翌三〇年、高倉が教会改革のために立ち上げた団体、「福音同志会」の創設メンバーにも加わります。この団体の機関誌『福音と現代』創刊号冒頭に載せられた高倉の「我らの志を宣ぶ」という文章に、改革の志が述べられています。

今のキリスト教会は、客観的、現実的なる福音的真理によって基礎づけられ、これによってその信仰が改造せられて、初めてそのもてる意義と使命とを正しく強く実現し得ると信ずる。今の教会にとって最も肝要なることは、そのよって立つ福音的信仰の確立である。

この宣言は直接には「現代を力強く風靡しつつある」「唯物的無神論的主意的な思想と生活」、つまり当時学生を惹きつけていたマルクス主義思想に向けられており、それに対して教会は「観念的感傷的主観的な思想や信仰」を克服すべきことを説いています。福音同志会は当時の教会に対して「観念的感傷的主観的」信仰を退けて「客観的、現実的」な「福音的信仰」の確立を訴える革新運動でした。

その拠点となったのが日本神学校でした。そこで高倉は「予科における塾的教育の必要性」（小塩『高倉徳太郎伝』二六〇頁）を訴えて神学校改革を試みます。ところがこれが年限短縮などの企図として神学校上層部から一方的に発表されたため、学生の反発を招き、改革は頓挫してしまいます。

さらに高倉が牧する信濃町教会の副牧師招聘に際して、福音同志会が牧師の候補を推薦したところ、それが教会への不当な介入と受け取られ、信濃町教会の長老から「ギャングのような秘密結社」（齋藤勇『思い出の人々』一二三頁）となじられるなど、福音同志会と信濃町教会との溝が深まっていきます。神学校、教会、福音同志会の間で板挟みとなって苦悩する高倉に対して、改革にはやる福音同志会の若手たちはなお厳しい批判を投げかけました。今泉もその一人でした。

結局福音同志会は、高倉が体調を崩して信濃町教会牧師を休職すると、まもなく解散を余儀なくされ『福音と現代』も廃刊されます。その後、福音同志会に集った人々の一部は「公同教会運動」を掲げ、高倉が訴えた「福音的信仰」に基づく教会一致運動を目指して『信仰と生活』という機関誌を発刊します（一九三四年）。しかしこの運動が教会の主流に受け入れられることはなく、時代がファシズムに突入する中、この運動も立ち消えていきます。こうして今泉の関わった教会変革運動は挫折していきました。

7 「みくに運動」

一九二九年、中渋谷教会の主担者を辞して日本神学校の講師になると同時に、今泉は東京帝大大学院に入学して「神社問題」の研究に入ります。その研究は『福音と現代』や『信仰と生活』にも発表されています（「日本思想と基督教の交渉—平田篤胤の神道に及ぼせる基督教の感化—」『福音と現代』二九号、一九三三年八月。「南里有隣の神道に及ぼせる基督教の影響」『信仰と生活』一九三四年一月号、五月号）。それらを見ると、この時期に今泉がキリスト教と日本思想の関わりをたどりながら、次第に国粋主義に引き寄せられていったように見えます。しかし見方を変えれば、行き詰まりつつある改革の打開点を日本思想の中に探っていたようにも見えます。結局今泉は三五年に公同教会運動を離れて「みくに運動」を立ち上げ『みくに』誌を発刊することになります。

『みくに』誌は四三年三月まで九年間続き、全九九号に及びました。主筆となった今泉のもとに、福音同志会や公同教会運動を共にした福元利之助他、横山栄二、月野振吾、岩越元一郎、松野重正、池田千壽といった人々が集まって同人となります。福元は日本基督教会山梨教会を辞して「みくに運動」に列なる山梨公会を設立します。他にも横山は横浜公会、月野は鷺山公会を設立しています。

創刊号の「発刊の辞」で今泉は次のように述べています。

「みくに」と題したのは、皇国を意味すると同時に神国を含めたのである。神国実現のための皇国とか神州日本とか謂う意である。……基督により国体を明らかにし、都市に農村に、あらゆる霊肉の実際生活に新たなる光と更正とを期待せんとするものである。（『みくに』創刊号、一九三五年一月）

創刊号の第一論文「基督教尊皇愛国の提唱」では、以下のように目指すところを述べています。

日本歴史は眞の神を探り求めて今日に至って居る。殊にその宗教史を跡づける時に神道も、仏教も基督の出現を待てるが如く思われるのである。若し夫れ武士道に於ける犠牲の精神に至っては他の如何なる思想によりても啓発せられざる深き内容を持つものであるが、独り基督に於ける贖罪の真理に触れるならば、驚くべき光彩を放つであろう。

これらの主張には、キリスト教信仰と国家崇拝の両立、キリスト教信仰の国体思想への接合、キリスト教の日本的展開といった「日本的基督教」の諸要素がはっきり読み取れます。『みくに』誌には当初、日本思想とキリスト教の民族・国家思想の類比を述べる論文、随筆等が掲載されましたが、日中戦争勃発の頃からキリスト教よりも皇国思想・国体思想に重点が置かれるようになり、やがて「聖戦完遂」「思想戦」「戦時報国」といった呼号が並び、「天皇陛下即神也」

と謳うに及んで、キリスト教に関わる記述はまったく無くなっていきます。四二年には三号にわたって「賀川豊彦氏の思想批判特輯号」と銘打ち激しい賀川批判を展開しますが、四三年に入ると紙事情の逼迫のせいか、徐々に頁数が減っていき、三月号を最後に廃刊の辞もないまま『みくに』誌は途絶えてしまいます。誌面をたどると、当初は広範な運動の展開をもくろみながら、戦争の泥沼化とそれに伴う経済的窮迫、戦争動員の激化に直面して運動の目的を見失い、解体していくさまを感じ取ることができます。

8　高倉徳太郎、森明の影響

宗教法案反対運動や共助会、福音同志会、公同教会運動といった先進的な運動の中から突然に、こうした反動的な運動が立ち上がるのは奇妙に映ります。しかしこの時期に今泉が書いた文章を読むと、今泉自身はむしろ高倉や森の思想の延長線上に「みくに運動」を見ていたように思えるのです。

今泉は法律家らしく、自分が影響を受けた人の文章を判例のように克明に引用しながら文章をつづる人です。そこには高倉や森の言葉が多く登場します。

高倉徳太郎の没後、一九三四年六月に「高倉徳太郎氏記念号」と銘打たれた『信仰と生活』第六号の巻頭に、今泉は「高倉先生と祖国愛」という文章を寄せています。そこに共助会第二回東京市内学生大連合礼拝（二六年）で語られた高倉の「自我より国家へ」という説教の言葉が引かれています。高倉が国家について語った説教です。

主に救われたものは、その恩寵に答えまつるためにその身を他への奉仕に献げざるを得ない。しかもその自我が最も深い交渉をもち責任をもつものの一つは国家である。我等の神の摂理によって日本に生れ出た、いやでも応でも日本人である、大和民族の血が流れている。祖国を念《おも》い日本を愛することは生れながらの本能である。

……我等は異邦にあって日章旗を見たり、日本語を耳にしたり、富士山の絵に接するときに、やはり自分は日本人だとの感を深くせらるる、国の誇りも辱めも、我らは他の同胞と之をともにせざるを得ない。

……生まれながらの愛国心は中性であって倫理的意義をもたない。之がバプテスマを受け潔められ高められねばならぬ。

国家存立の理由を単に富国強兵に求むる間は真の国家の道義的使命を認むることが出来ない、もっと遠大なるヴィジョンがあって然るべきである。東洋に於ける盟主たる日本の地位は、神の国建設の為めの厳かな謙れる責任を念わしむるものである。真の国家主義は決して正しい世界主義と矛盾するものではない。まことの世界主義は聖義国家が止揚せられて実現せらるるものである。

この説教の中で、高倉は「偏狭なる愛国心」「無自覚な誇大妄想」「排外的態度」を戒め、「我等が、愛する祖国になし得る最大の奉仕は、十字架にかかりたまいしキリストを同胞の腹中にたたきこむことなりと確信する」と述べて、国家論を宣教論として結論づけていますが、同時に日本という特定の国家を宗教的に「聖なるもの」とする方向に引き寄せられていることも否めません。これを今泉は「『十字架に於て祖国を憂う』と云うのが先生の祖国愛であり、その外に先生の生涯は何もなかったとさえ云い得るように思う」（「高倉先生と祖国愛」）と受けとめています。

また今泉はこの「高倉先生と祖国愛」の冒頭に、森明の「涛声に和して」という文章も引用しています。

森は『福音新報』に寄稿したこの「涛声に和して」（一九二四年）という文章の中で「文化意識の拠る真理の客観性と基督教の客観性の信仰との交渉」について問う手紙を高倉宛に出したことを語り、こう記しています。

　高倉氏は実は私の先生である。その人から前に云った様な問題に就いていつかは教えを乞い度《た》いと思っている。氏から頂いた通信の返事の中に一寸《ちょっと》書き込んだ問題であるから、もちろん返事を受け取る筈は無いが、同氏が講演された後で、私の提出した問題に就いて随分困難な問題であると云って居られたそうである。……
　其後同氏からも教導を期待し得る親切な好意を与えられたことによって大いに勇気付けられている。

高倉もまた、森明への追悼文「森明君のことども」（一三三年）の中で、「涛声に和して」を「雄大にして独創的なる思想をあらわす。かかる文のうちによくも政治問題や文化問題の宗教的意義を圧縮したるものかな」と評価しています。また「自我より国家へ」でも「私はここで、森明君を憶う。彼は真に祖国を憂うることをなし得た人であった。彼は福音に於て、主とその十字架の故に、同胞を深く愛せんとした。我等は祖国のためにかかる主の僕の与えられしことを、神に感謝せざるを得ない」と述べています。

こうしたやりとりに高倉と森の厚情を感じるとともに、高倉の「自我より国家へ」という説教が、森が高倉に問うた「文化意識の拠る真理の客観性と基督教の客観性の信仰との交渉」に対する応答として語られたことが想像できます。今泉はこうした高倉と森のやりとりに注意深く耳を傾けていたのです。

9　森明と「文化」

森が高倉に問いかけた「文化意識の拠る真理の客観性と基督教の客観性の信仰との交渉」とは、そもそも何を指しているのかさえよく分からない難解な言葉ですが、森自身はこの問いについてどう考えていたのでしょうか。ヒントとなるのは、森の次のような言葉です。

日本固有の極めて崇高な文化、例えば『武士道』のごとき『忠孝』の精神『貞操』の観念のごとき、もしこれを個人的自覚をもって発揮するを得ば米国にとっても無二の幸福であるべきはずである。（「宗教生活の充実―同化問題とその宗教的意義」一九二四年）

この文章はもともと、一九二四年四月に成立した米国の排日移民法の非を説いた文章です。森はその広い知識から、キリスト教信仰と他の諸科学・哲学との関係についても関心を深めていました。個々の民族の文化についても、キリスト教信仰との関わりを探求していました。それが米国の排日移民法に直面して喫緊の課題として浮かび上がり、それまで森が模索してきた文化と信仰との関わりという課題が、にわかに日本人の民族性の信仰的位置づけという方向に向けられることになったと想像できます。それをよく表しているのが、やはり排日移民法を批判する目的で森が中渋谷教会から発した「時局に関する吾人の見解及び態度の表明決議」（二四年九月）です。そこには次のような言葉が並んでいます。

五、現代人の傾向と吾人
イ　人類全体という平等の要求より来たりつつある東洋意識の勃興に対し、キリスト教的精神にそむかざる限りにおいて、その十分なる達成を期す。
ロ　吾人は、危機にある祖国に対し精神的責任を自覚し、かつ民族固有の本質を発揚せしめて、世界に貢献せんことを期す。
ハ　吾人は、事情によりては必ずしも非戦論を維持せず。

ニ　米国が一九二四年七月一日より実施せる移民法およびその拠って来たりたる近時の国家的行動は、キリストの十字架の精神と全く相反するがゆえに、吾人は極力これに反対し、この全人類の禍根除却のためには努力せんことを期す。
ホ　日本におけるキリスト教界の現状は、もはや外国人宣教師滞留の必要を認めず。

森のこうした文化＝民族固有論を、高倉は国家論を宣教論につなげる形で応えたと言えます。そこで高倉は国粋主義を唱えたわけではありませんでした。しかし高倉は日本を「東洋に於ける盟主」と位置づけ、それを聖化＝普遍化する方向に引き寄せられたことは否めません。

10　今泉が受け取ったもの

これら高倉、森の言葉を注意深く聞いていたのが今泉でした。今泉は、森明からは日本人の民族性の信仰的位置づけを、高倉徳太郎からは国家の聖化＝普遍化の思想を受け取りました。それは今泉の「誤読」だったかもしれません。しかしこのように今泉が高倉や森の言葉を受け取ったとすれば、宗教法案反対運動後に彼が「神社問題」にこだわった理由が明らかになります。今泉にとって日本人の民族性は、森が語ったように「客観的真理」として信仰的に位置づけられるはずでした。そして国家は、高倉が説いたように、聖化＝普遍化されるべきものでした。この立場から見るならば、宗教法案反対の立場は、後の今泉の国粋主義的立場と矛盾するものではありません。法案は信仰的に聖化されるべきものを「世俗化」しようとする企てですから、今泉の立場からは反対の立場を取るのが当然です。しかし今泉にとって世俗化を退けて聖化されるべきはキリスト教信仰だけではありませんでした。日本人の民族性、また日本という国家の全体がキリスト教信仰と共に聖化されることが、今泉にとって日本におけるキリスト教宣教の目指すべきところとなっていたのです。その入り口が「神社問題」でした。

今泉は、宗教法案反対運動を通って「神社問題」に直面し、他方で教会革新運動の行き詰まりと挫折を経験する中、森や高倉の残した言葉をたぐりながら、その打開点として、キリスト教も民族も国家もすべてを信仰的に、聖なるものに一体化する統合の理念を、「尊皇」思想の中に見いだしていったのではないでしょうか。果たしてこれを今泉の「誤読」として、今泉ひとりにその責を負わせるべきでしょうか。

今泉は『福音と現代』（二九号・一九三三年八月）に寄稿した「日本思想と基督教の交渉」、また『みくに』創刊号（三五年一月）に載せた「基督教尊皇愛国の提唱」のいずれにも、その末尾に森の「十字架を負ふ人」（二三年）という文章の同じ箇所を引用しています。

建国幾千年の久しきに亘って民族の導かれたる使命を想う。私達は過去を生かして世界に貢献せねばならぬ。個性の重視そのことは精神運動消長を決する唯一なる重心点である。大いなる統一を要求せらるる、……神の日本基督者に望み給う所は更に遠くその知らざる裡に導かれたる数千年の歴史の新なる意義と価値との発見であろう。……西洋の光輝ある文化に接して一時自失したるかの観ありし日本人は今や其の意義を回復し始めた。……東洋の基督教は実に西洋の精神界を照らさねばならぬ。

このような森の言葉と、次の今泉自身の言葉の間に、さほど大きな隔たりはないように思います。

私どもが、日本に生まれ出たのは深い神の摂理である。民族や国家はそれぞれその特色をもって世界に貢献しなければならぬ。むやみにアメリカに同化したり、ロシアにかぶれたりしてはならない。力強い国家主義からこそ、真の神の国は生まれるのであるから。（「基督教尊皇愛国の提唱」）

こうして見ると、今泉には、自らが共助会や福音同志会、公同運動の路線から離反したという意識や反省は薄かったと思われるのです。むしろ、森や高倉の路線を徹底しようとの自負すらあったのではないでしょうか。

11　おわりに――顔の無い言葉

『みくに』誌が創刊された一九三五年一月、高校時代からの旧知として長く今泉と活動を共にしてきた山本茂男が『共助』誌に「現代日本と基督教」と題する文章を寄せています。

日本主義の運動と共に所謂日本的基督教が唱導せられ、或は基督教の日本化が叫ばるるに対しては、我等はむしろ警戒するの必要を感ずるものである。既に日本は仏教を同化し、儒教を我がものとし、且つ科学的唯物主義にも中毒した。而して所謂日本的基督教は、基督教を日本化し、日本人の血肉たらしめ、そこに新たなる日本的基督教を生み出さねばならぬと云う。固より基督教が日本人の血肉となり、生活となるべき事は等しく我等の念願である。けれども基督教を日本精神に同化せしむる事と、日本精神を基督教により醇化する事とは、単なる言葉の差異のみではない。それは福音に対する自覚とその使命の確信とに於て、根本的に相違する態度を示し、異れる結果を将来するものと信ずる。(『共助』一三三号)

まっとうな「日本的基督教」批判であり、盟友の今泉が「みくに運動」に走ったことへの憂慮を読み取ることができます。しかし同じ山本が九年後の四四年には次のような言葉を語ることになります。このとき「みくに運動」はすでに解体していました。

今や大東亜戦争は独り日本の自主自衛の為のみではなく、実に大東亜の共自存の秩序建設のため、延いては萬國協和の世界を実現せん為である。ここに此戦が道義戦たる所以が存する。
(『共助』一三三号・一九四四年三月)

同様の言葉は、戦時下のキリスト教の言説のどこを切ってもあふれ出てきます。それはいわば「顔の無い言葉」です。それはあの「煩悶青年」たちが生んだ超国家主義思想によるテロやクーデターが断罪、鎮圧された後に残った、顔のない「権力」に似ています。

一方今泉は、煩悶から変革を志して挫折を味わう中、キリスト教も民族も国家も、すべてを一体化する「皇国」思想にのめり込んでいきました。こちらはある面で「煩悶青年」たちが生んだ超国家主義思想に似ています。しかし彼も最後には、「顔の無い言葉」を無為に並べるだけになっていきました。

いずれもが「顔の無い言葉」に行き着いた点で共通しています。一方は、国家の強制力に屈服し、迎合する中で、いつのまにか「顔」すなわち「個」を失っていました。他方は、煩悶と模索の果てに、自ら進んで「顔」を捨てていったと言えます。どちらもがそれ以前の日本のキリスト教思想とつながりを持っていることに注目しなければなりません。受動的に国家に屈服・迎合していった日本のキリスト教主流と、能動的に「皇国」思想に進んでいった「日本的基督教」とは、同じ親を持つ兄弟のような関係にあると言えます。この二つの側面の「相乗効果」のうちにこそ、戦時下日本のキリスト教の実態があるのではないでしょうか。

その根底には、日本のキリスト教がいかにしても乗り越えられなかった「天皇」というものがあるように思います。ここに取り上げた人々は、明治以後の日本のプロテスタント・キリスト教史では第二世代に当たる人々です。彼らは生まれたときからすでに、帝国憲法や教育勅語を通じて国家による「内面」の統制を受けていた世代でした。自ら固有の内面的な価値や理想を見いだそうとする煩悶の末に、彼らが見いだした価値・理想は、屈服や迎合であれ、自発的であれ、すでに国家によって据えられた「皇国」の価値であり、理想でした。この「堂々巡り」から脱け出すのが容易ではないことがわかります。

ただ、一つ言えることがあります。森明は日本人の「民族性」の宗教的位置づけを、高倉徳太郎は国家の聖化＝普遍化を説きましたが、そこには当時大日本帝国によって植民地とされていたアジアの諸国家・民族に注ぐ視点はまったくありませんでした。民族の「個性重視」や「聖義国家」の実現を説きながら、他の民族・国家のそれは、優越する「盟主」たる日本のそれに包含して、無きがごときに扱うのを当然としているのです。

戦後日本のキリスト教はこの戦時下のキリスト教を親として育ちました。はたしてわたしたちは、親の乗り越えられなかった「天皇」というものを乗り越えられているだろうかと思い巡らせます。今、ネット上には「顔の無い言葉」があふれています。そして今また、日本国内だけの価値や理想を追い求める風潮の高まりを感じます。今泉源吉のたどった「日本的基督教」への道のりを省みるとき、同じ道のりをたどらないためには、国家を超えて「個」と「世界」とを結ぶ視点の必要性を教えられます。

（引用は、読みやすさに配慮し、法律条文を除き、現代的かなづかいに改めました）

主な参考文献

雨宮栄一『評伝高倉徳太郎（上・下）』二〇一一年、新教出版社。

石浜みかる「『日本精神』とキリスト教――今泉源吉の場合」石浜『変わっていくこの国で　戦争期を生きたキリスト者たち』（二〇〇七年、日本キリスト教団出版局）所収。

今泉源吉「名ごりの夢々」『キリスト新聞』一九六七年一〇月一五日～六八年六月六日。

大島純男「今泉源吉と『みくに』運動」『金城学院大学論文集・人文科学編』三一号、一九九七年、金城学院大学。

大島純男「共助会と『みくに』運動」『共助』二〇〇〇年二・三月号。

小塩力『高倉徳太郎伝』一九五四年、新教出版社。

笠原芳光「『日本的キリスト教』批判」（『キリスト教社会問題研究』二二号、一九七四年、同志社大学人文科学研究所。

基督教共助会編『森明著作集』一九七〇年、新教出版社。

基督教共助会九十年記念誌編集委員会編『基督教共助会九十年誌――資料編――』二〇一五年、基督教共助会。

金田隆一『昭和日本基督教会史』一九九六年、新教出版社。

斎藤勇『思い出の人々』一九六五年、新教出版社。

清水二郎『森明』一九七五年、日本基督教団出版局。

高倉徳太郎「自我より国家へ」高倉『基督教世界観』（一九三一年、長崎書店）所収。

高倉徳太郎「自我より国家へ」『高倉徳太郎全集』第五巻（一九三六年、高倉全集刊行会）所収。

高倉徳太郎「森明君のことども」『高倉徳太郎著作集』第三巻（一九六四年、新教出版社）所収。

森岡巌「『福音同志会』と信濃町教会」森岡『ただ進み進みて――キリスト服従への道』（二〇一一年、新教出版社）所収。

罪責感について

ホーリネス史から考える戦争責任

上中　栄

はじめに

遠藤周作は、「背徳の意味するもの」という短い論考の中で、「背徳者（イモラリスト）」〔Immoralist〕と「無道徳者（アモラリスト）」〔Amoralist〕の違いを説いている。[1]「無道徳者」は、道徳に関心を持たず、それはどうでもよいと考えている人のことである。既成の価値観に反抗するのではなく、道徳や良心の問題に無感覚な人を指す。それに対して「背徳者」は、既成の価値観に反抗する人である。道徳や良心の問題に鈍感なのではなく、敏感なためにその重圧に苦しんで裏切った人を指す。その例として、ドン・ファンとカサノヴァを挙げる。両者とも、不道徳な女性遍歴が知られる漁色家であるが、カサノヴァが単に女性との肉欲的な快楽を求めた「無道徳者」であるのに対して、ドン・ファンは既成の道徳や宗教に満たされず、理想の女性を求めては幻滅することを繰り返す「背徳者」だという。

そして「背徳者」と「無道徳者」の違いは、「背神論者」と「無信仰者」と同じだと言う。説明は多くないが、「背徳者」と「無道徳者」の論理を敷衍させれば、「背神論者」は神の存在を認めながらもそれに逆らう人のことである。信仰的な葛藤を覚えながらも神に背くのが「背神論者」であるのに対して、「無信仰者」は神の存在などどうでもよく、神に逆らう生き方に何の葛藤も覚えない人ということになる。

前置きが長くなったが、日本のキリスト教史においてキリスト者は、神社参拝や戦争協力、公権力への迎合や弾圧といった、キリスト教の価値観が問われる事態に遭遇してきた。その時の言動は、教会の罪責、戦争責任として問われている。しかし、そうした事柄を振り返る時にしばしば戸惑うのは、当事者たちがあまり葛藤を覚えていなかったのではないかと思われることである。それが危機を回避するための迎合や、保身のための妥協というのであれば、まだ理解できる。しかし、あまり葛藤が感じられないのである。それが遠藤が言うところの「無信仰者」に似ているのである。

もちろん、戦時下のキリスト者が、神の存在などどうでもいいと思っていた「無信仰者」だと断罪するつもりはない。むしろ、問われるべきは、戦時下のキリスト者の言動と共に、日本のキリスト教史や戦争責任を問う者の「無信仰者」性である。それは良心の呵責なく罪を犯すことではなく、葛藤が感じられない、気付きが感じられないのはなぜかという問いである。

背徳者のドン・ファンは、時代を超えてオペラや戯曲の題材となり、「背神論者」は背教者とも言い換えられるが、遠藤の作品では後の『沈黙』などで描かれ、背教者の葛藤は思想として研究の対象にもなる。(2) しかし、「無信仰者」についてはどうか。このあたりのことを、教会の戦争責任の問題としてホーリネス史の日韓関係と弾圧から少しばかり考えてみたい。

1 ホーリネス史の概観

いきなり横道に逸れるようで恐縮だが、いつごろからか「戦争責任」という言葉を使うことをためらうようになった。筆者が属する日本ホーリネス教団では、弾圧被害者という意識が強かったため、戦争責任など長く問われずにきたが、歴史を検証して一九九七年に「日本ホーリネス教団の戦争責任に関する私たちの告白」を教団総会で採択した。課題は、信仰告白と天皇制の問題の二点で、一過性のものとしないように取り組んだつもりだった。先達を悪く言うな、社会的なことに関わるな、日本基督教団のように混乱させるのか、といった身内からの批判に応じることは難しくなく、外部の人から「高貴な野蛮人」のように見られることにも慣れたが、次第に違和感を覚えるようになってきた。そんな中で、内面史研究会の誘いを受けた。通り一遍の歴史評価を乗り越えるための試みということで、共同の学びを通じて戦争責任について今一度再考してみたいと思った。

さて、「ホーリネス」の概略は次の通りである。美以教会の伝道者を辞した中田重治は、米国留学中に知り合ったカウマン夫妻（Charles & Lettie Cowman）と共に、米国の信仰復興運動の中で生まれた「ホーリネス運動」を日本で展開しようと、一九〇一年、東京の神田神保町に「中央福音伝道館」を開設した。教派を形成する意図はなかったが、群れが大きくなったため、一九一七年、「東洋宣教会ホーリネス教会」を設立した。内村鑑三らとの再臨運動や、二度のリバイバルを通じて教勢は拡大したが、一九三三年、再臨などの信仰理解をめぐって、中田は車田秋次ら聖書学院教授と対立、結果、一九三六年の「和協分離」によって、中田らは「きよめ教会」、車田らは「日本聖教会」として再出発した。一九四一年の日本基督教団（以下、適宜「教団」と略記）成立に際しては、「きよめ教会」は第九部、「日本聖教会」は第六部として合同に加わった。「きよめ教会」から分かれた「東洋宣教会きよめ教会」は合同せず結社となった。これらを「ホーリネス系三教会」と呼んでいる。

一九四二年、ホーリネス系三教会に対する、いわゆる「ホーリネス弾圧」が起きた。敗戦後、教会は復興、牧師は復職し、旧第六部系の教会と牧師は、教団内で「ホーリネスの群」を形成したが、大部分は教団を離脱した。これらのホーリネス系の諸団体は、現在は一一ほどあり、筆者が属する「日本ホーリネス教団」は第六部の流れにある。本稿で用いる「ホーリネス」とは、これらの全体を表す便宜上の呼称である。

2　日韓ホーリネス関係史から

i　初期ホーリネスの日韓関係(3)

日本の聖書学院で学んだジョン・ビン（鄭彬）とキム・サンジュン（金相濬）が、一九〇七年に始めたホーリネス運動は、やがて「朝鮮耶蘇教東洋宣教会聖潔教会」となった（以下、聖潔教会）。他教派と同様、韓国の教会として受難の歴史をもっているが、創設者が日本で学んだこともあり、親日的な教会だった。この教会の草創期は、日韓併合の時期と重なる。そのため、日本に対する感情には、とても複雑なものがあった。

一方、日本のホーリネス教会による「朝鮮伝道」も、福音伝道館の設立からほどなくして始められた。それは主流諸教派と同じく邦人伝道であったが、聖潔教会との関係は良好だった。中田重治も、この時期の朝鮮人に反日感情があることはよく分かっており、彼らに対しては一貫して同情的で、傲慢な日本人を批判している[4]。

しかし、中田は日本の大陸進出を支持しており、朝鮮人の反日感情は日本人の態度に原因があるとして、「行く先々で福音の光を受け基督にある新国民となるやうに勉めなければならぬ[5]」と言っている。つまりは、「福音の光」によって問題は解決するという。おそらく中田は、聖潔教会との交わりによって、朝鮮人の中にも激しい反日感情ばかりでなく、親日的な人もいるという感触を得ていたのであろう。中田はもともと国粋主義的な志向の持ち主で、本来なら反日、独立を志向する朝鮮人とは相いれないはずである。その両者が良好な関係を持ちえたのは、「福音の光」によるというのだが、これは相手の気持ちを理解しなくても成り立つ関係ということになる。

しかも中田は、反日感情の原因を知らなかったわけではない。戦後、在日大韓基督教会に属した織田楢次は、朝鮮人に伝道した数少ない日本人だが、織田が一九二八年に朝鮮に渡り、朝鮮人伝道を目指したところ、日本基督教会の田中義一牧師から、日本と朝鮮の関係は、敵と味方、征服者と被征服者、強盗と被害者であるから無理だと諭された。[6]その後、織田は聖潔教会の聖書学院で学ぶなどホーリネスに属していたが、一九三六年に「朝鮮基督福音教会」を設立しようとして、その趣意書を「きよめ教会」の機関紙に載せた。その中で、反日感情の原因は、朝鮮人の人格を無視した搾取にあると指摘した上で、「此処に於てか我等日本人基督者の立ちて永遠の福音を彼らに伝へ人格と人格の交り深めんかキリストに在りて心より愛し助け和合するに於ては其の結果たるや欧米人の其れに勝る事幾倍ならん永き日本人に由りて彼らの内に醸されたる屈辱と悲哀と寂寞と暗黒は取り去られて彼らに朗らかなる人生勸と喜と感謝と満足と希望を齎らし福音は光を放ち朝鮮同胞は救はれ必然的に朝鮮同胞の内地人に對する要求は満され、内鮮人間の憂は取り除かれ、朝鮮國自體日本國自體の求むる幸福は満さるるのであります[7]」と言っている。

福音によって問題は解決するという理屈は中田と変わらないが、朝鮮人が反日的になる気持ちについての織田の理解は、明らかに中田とは違う。その織田も、日本の大陸進出自体は批判しておらず、日章旗が行くところには平和と秩序がもたらされており、朝鮮を通って大陸へ向かう日本の軍人が、「朝鮮同胞が旗を振つて山の様に駅に出て熱狂しつつ勸迎して下さるのを見ると、こんなに迄信頼されて居るかと思ふて『よし一番東洋平和の為戦ひ抜いて見せるぞ』と感激に溢れて自ら涙が泌み出て来ます[8]」と報告している。朝鮮人の側に立ち続けた織田の言葉だけに、抗日・親日という対立構図は、それほど単純ではないことが分かる。こうした織田の思考は、自伝や評伝には記されていない。

このように、中田は反日感情の原因を知らなかったわけではない。それでも、日本の大陸進出を肯定する中田に、葛藤はない。

ii　戦時下ホーリネスの日韓関係[9]

一九四二年六月、日本基督教団豊橋花田教会で「半島人徴兵制度実施感謝式」が開かれた[10]。戦前の日本の徴兵制は、一九二七年に施行された「兵役法」に定められていた。対象は「戸籍法ノ適用ヲ受クル者」であったため、戸籍法の適用外だった朝鮮人や台湾人は、「特別志願兵」という制度によって徴集されていた。しかし、兵員不足を補うため、政府は一九四二年五月の閣議で朝鮮に徴兵制を実施することを決め、一九四四年四月に実施された[11]。閣議決定の理由は、「帝国防衛圏ノ擴大ニ伴フ軍要員ヲ取得シ併セテ最近熾烈トナレル朝鮮人ノ兵役義務負擔ノ輿望ニ應へ以テ朝鮮統治ノ完遂ヲ圖ル為徴兵制施行ノ準備ニ着手スルノ要アルニ由ル」とあり、これを当時の新聞は、「多年の念願實現」「半島同胞徴兵制施行に勸喜」「澎湃たる民意に應ふ」「内鮮一如火の玉に」「いま待望の徴兵制」といった見出しを掲げて報じた[12]。

徴兵制度は朝鮮同胞の熱望の結果だと言いつつ、実質的には強制だったと指摘されるが[13]、陸軍がまとめた「朝鮮出身兵取扱教育ノ参考[14]」を見ると、朝鮮人は道徳観など日本人に劣るが、蔑視や差別的態度を絶対に避け、言葉や態度が不快に思っても寛大に接するようになど、全体的に朝鮮人を見下さないようにと、かなり気を遣った指示がされている。軍幹部が、日本人と朝鮮人の双方の感情をよく理解していたということであり、これを見るだけでも、「澎湃たる民意」が虚構であることが分かる。

さて、こうした中で行われた「半島人徴兵制度実施感謝式」のことを、当時の機関紙は詳細に報告している。開催場所の「日本基督教団豊橋花田教会」は、日本にあった朝鮮人教会で、教団成立前に日本聖教会に加入していた。牧師の「勝本正寛」は、創氏改名した朝鮮人牧師である。報告では、勝本牧師は日韓併合と半島人徴兵制度の布告を「感謝」し、「偽りなき基督者としての同氏の愛國的赤心を吐露して、満堂の会衆を首肯感激せしめた」。そして「徴兵に応ぜんとの意気も物凄き商業学校五年生の柳川元植君」が、「誓」を力強く朗読した。来賓には報國團長、半島人市会議員、憲兵隊特高係長、警察内鮮係がいて、それぞれ奨励の辞を述べた。着目したい一つのことは、こうした来賓が居並ぶ中で表明された、勝本牧師の「感謝」や「愛國的赤心」、そしてこちらも創氏改名であろう柳川元植の「物凄き」意気が、どれほどのものであったかである。

もう一点留意したいのは、この報告が載った機関紙『霊光』第四一八号は、いわゆるホーリネス弾圧が始まった六月二六日の直後の号ということである。『霊光』の発行はこれが最後で、弾圧直後の第六部の反応を示した、唯一の資料になる。第一面の巻頭言は「困難の克服」という題で、一斉検挙についての言及は当然ないが、突然の事態に戸惑っている様子が分かる。同じ第一面の真ん中には、「國民生活」という文が載っている。これは、一九四一年に文部省教学局が、国体によって国民道徳を徹底することを目的に出した「臣民の道」の一部分である。そしてその第四面に掲載されたのが、上掲の報告である。かなりの長文だが、これまで『霊光』に、地方教会の「教会報」がこれほど引用されたことはない。この号は、連載記事以外に載せるものがなかったのか、普段はあまりない書籍の広告や空白部分がある。一斉検挙後で事務的な混乱があったことを割り引いても、先の「國民生活」掲載と併せ考えると、このような状況で「半島人徴兵制度実施感謝式」の報告を載せたことには、明らかな意図があったと考えられる。

iii　戦後ホーリネスの日韓関係から

戦後のホーリネスにおいては、不当な弾圧を受けたという被害者意識と共に、旧第六部系の教会では、分離騒動時の中田批判によって正当性を自負する風潮があった。この「正当な被害者」という意識は歴史認識にも影響を与え、戦時下の歩みは長く検証されずにきた。それは戦後の朝鮮観とも無関係ではない。

しかし、日韓両国の対立や、キリスト教の日韓主流諸教派の交わりにみられた厳しさに比べると、ホーリネスの日韓関係は戦後も穏やかなものであった。もちろん反日感情を持つキリスト者も少なくないが、教会同士の交わりは、そうした感情とは別の次元で持たれていたと言える。それは韓国のホーリネス教会が親日的であったことと、韓国の第二世代の指導者イ・ミョンチク（李明殖）[15]が、神社参拝や国防献金、創氏改名などを受け入れたこととも無関係ではないだろうが、日本の側にやはり葛藤はない。

そうした例の一つは、一九七〇年代の『中田重治全集』[16]の発行である。中田の問題作である『聖書より見たる日本』などの収録をめぐって議論があった。その理由は、ホーリネス分離の契機となった書物であることのほかに、次のように記されている。「いちばん苦慮したのは文中の用語等に、国際的な刺激が起こることなどを懸念したことであるが、これは著者一個人の思想文献として取り扱ったことで、その責任は刊行委員会の負うところでないことを、明白にしておきたい」[17]。刊行会は、国際的刺激を懸念し、中田を批判しているが、自らのアジア観は批判していない。むしろ責任回避とも読め、それは編集にも表れている。例えば、「支那人、生蕃人」といった表記を改めただけでなく、機関紙の論説のうち、「摂理のうちに朝鮮国は亡んだ」[18]を、全集では「朝鮮の現状はともかく……」[19]に、機関紙の「我等は今同一の　君主のもとに同一の政府の下に居るものである。されば飽まで忠良なる国民でなければならぬ」を、全集では「われらはいま同一の政府のもとにおるものである。さればその点を理解してほしい」と、注釈もなく変更している。[20]これは実質的には改ざんであって、中途半端な罪責意識は、歴史を歪めかねないということである。

2　ホーリネス弾圧から

i　ホーリネス弾圧の概要と焦点

比較的資料が揃っている東京の米田豊の裁判資料と車田秋次の日記、安倍豊造の手記などを元に時系列に沿って整理すると、ホーリネス弾圧の概要はおよそ次の通りである。

一九四二年六月二六日、ホーリネス系三教会の牧師が、内務省直轄の特別高等警察（特高）によって一斉検挙された。ホーリネスの再臨信仰が「国体を否定」するものだという、治安維持法違反容疑で、まず特高による訊問が行われた。これを受けて翌年四月七日、文部省は宗教団体法によってホーリネス系教会の認可取消処分、内務省は治安警察法によって結社禁止処分を行った。この結果、ホーリネス系三教会の二七〇を超える教会が解散させられ、牧師には自発的辞任が強要された。この年、第二次検挙も行われ、一三〇人を超える牧師が捕らえられた。東京では一九四三年五月二五日からの検事の訊問を経て、六月一五日に起訴。一一月二五日から翌年三月にかけて判事による訊問（予審）の後に保釈、一九四四年八月二一日から一二月にかけて公判が行われた。

焦点は、ホーリネスの教理（再臨信仰）が、治安維持法第七条の「国体を否定」するものかどうかである。神社問題やユダヤ人問題なども一因と想像されたが、あまり関係はない。「国体」とは、天皇の神聖を元にした国家体制のことであり、「否定」とは具体的行動を起こさなくても、思想、信条が国体を「否定する」と見なされれば罪に問えるということである。このように、人の内面に公権力が踏み込めるよう規定されたのが治安維持法で、稀代の悪法と言われる所以である。

公判での山口弘三検事の論告によれば、旧第六部は「国体を否定」する事項を流布することを目的とした結社である。日本基督教団加入後もその「同一性は失はれて居ない」。教義の変更をしてはいるが字句上のものであって、実態に変更は見られない。またユダヤ教の民族的、現世的特色と類似した宗教事犯である、とした。

これに対して藤川卓郎弁護士は、ホーリネス関係者の「脱線的言動」は、宗教団体法による行政処分とすべきで、「治安維持法改正法律を適用すべきではない」。焦点の再臨信仰は、中田の「千年王国」に対し、聖教会は「神の国」と教義の文言を変え、その内容は全く精神的なものである。また、認可されている日本基督教団と同一の信仰であるので、国体の否定には当たらない。神社問題についても、中田が神社参拝を禁じたのに対し、旧第六部の牧師は非国民的考えを持たず、聖教会の設立当時や保釈後に伊勢神宮に参拝している。したがって「無罪」と主張した。
一二月二七日に判決。車田と米田は求刑七年に対し二年だった。淀橋で協議をし、翌日、大審院に上告するがそのまま敗戦。一九四五年一一月一三日に免訴となって、裁判は終わった。全国では七一名が起訴され、一四名が実刑となった。また、厳しい取り調べと劣悪な環境による衰弱や病気で、七名の牧師が刑務所内や保釈直後に死亡した。

ii　日本基督教団とホーリネス

上記のホーリネス裁判とは別に、教会の解散と牧師の自発的辞任の強要という行政処分は、日本基督教団が文部省の下部組織であるかのようにして行われた。もともと主流諸教派とホーリネスとの間には確執があったが、これ以降、教団とホーリネス関係者との関係は、天皇とも文部省とも関係のないところで険悪になる。それをよく表すものとして、特高資料の、日本的キリスト教の開陳とも、自己保身ともとれる言葉が知られており[21]、ホーリネス側からの不満の言葉も残っている[22]。このあたりの心情や、宗教団体法の問題点については、拙稿を参照されたい[23]。

ここでは、教団のホーリネス切り捨ての象徴のように言われる、桑田秀延のホーリネス裁判での証言を取り上げる。この証言については、「同一教団内に起こった事件、軍国主義の犠牲に迫害を受けている同労教役者に対する証言としては同情ある証言とは思われませんでした[24]」という弾圧経験者の感想のほか、「肝心なところで日本を代表するこの高名な神学者は同僚をすてたのだ[25]」、「彼の証言はホーリネスを弁護するのではなく、自己の教説を正統的なものとして弁護するものであった[26]」と批判されてきた。

桑田は一九四〇年、平和は政治、経済、武力によらず、倫理道徳の根底からできたものでなければならず、教会はその使命を帯びており、「基督信者は時代に追はれたり又追随することがあつたのではいけない。時代を正しく批判すべきことだ[27]」と発言したとされる。この発言は、要注意言行として特高の資料に残っている。ところがホーリネス弾圧が始まった一九四二年の末、井上良雄によれば、桑田は国体とキリスト教信仰に矛盾はなく、日本の伝道者は「上御一人への忠誠を誓わねばならず、いわば早朝宮城の前に出て天父に祈り、大君への尽忠を念う心構えが求められる[28]」と記しているという。ホーリネス弾圧が影響しているかは不明だが、明らかにトーンは変わっている。さらに村田四郎は同じ頃、富田満、桑田秀延と共に、内務省警保局で警察関係者に再臨信仰の神学的意味を説明したと回想している[29]。特高を所轄する警保局に、ホーリネス弾圧と無関係に呼ばれることはないだろう。

余談になるが、一九四五年の五月頃、村田四郎は文部省教学局で「信仰問答書」を見せた。すると、天皇の上に創造神の信仰をおいては日本的キリスト教にならない、また復活信仰は迷信なので考え直すよう言われ、「もうしそうした提言を入れるなら、基督教ではなくなる。かゝる本質的信仰を捨てるより殉教を欲する」と答え、帰路、富田と「死ぬべき時が来たようだな」と話したがそのまま戦争は終わったという。その思いに偽りはないであろう。けれども、教団の公権力への抵抗の一コマに見えるものの、内務省と文部省のキリスト教界に対する態度の温度差は歴然としており、警保局で殉教を欲すると言ったのであればともかく、文部省が相手では殉教はしたくても難しいわけで、「殉教」や「死ぬべき時」がどれだけのリアリティを持っていたかは疑問である。

さて話を戻すと、一九四四年一一月二四日の第八回公判で、桑田は証言台に立つ。それまでも桑田は、何度かこの裁判を傍聴しており、それなりに準備をして証言に臨んだはずである。安倍豊造の回想からその証言をかいつまんで記してみる。[30] 桑田は、再臨と神の国について尋ねられると、神の国には二つの観点があり、一つは現在的で心霊的経験としての「救い」、二は将来的な救いの完成を指す、これは個人から一般へと考える、と答えた。神の国は心霊的なものかとの問いには、その通りで、再臨は救いと絶対的関係をもっている、つまり再臨は神の国の中心的事件、と答えた。また、キリストの再臨は具体的かとの問いには、具体的とは神の実在などの意味で、科学上の具体性とは別、と言っている。

これだけで「再臨信仰の神学的意味」の全体像を把握するのは難しいが、これらは警保局で説明したものと変わらないはずで、桑田の主張は「国体」に抵触しない線をキープしていたことになる。もし、この裁判でホーリネスを切り捨てようと思えば、「国体の否定」を印象付ければいいわけで、ホーリネスは国体を否定する非国民的な教会だと、国体観に訴えるか、ホーリネスは日本基督教団とは違う異質な教会だという、いわば教会観を持ち出せばよいのである。

しかし桑田は、聖教会は国体を否定する教会だとは言っていない。国体に反する疑いがかけられた以上、徹底的にこれを明らかにしたいと言っているが、自分の役職についての弁護のようなものである。むしろ中田の時代とは変わってきており、自ら錬成のために尽力すると言い、実際に後日、錬成会で被告の牧師たちに講義している。国体論的には切り捨てていない。

もう一点、桑田は、聖教会はオーソドックスかと聞かれ、「よく知りませんが、正統派教会と思いません。むしろ実践派とでも言うべきもの」と答えている。これが切り捨てと言われる証言で、国体論では擁護しながら、教会としては否定したことになる。

ただここで留意すべきは、この「正統派」とは、桑田がよく知っていたバルトやドイツの教会闘争のような、聖書の真理に生きようとする教会ではなく、天皇を崇敬し神社参拝もするという、いわゆる日本的キリスト教のことである。平時であれば、ホーリネスは正統教会ではないと桑田が言っても、それは神学者の判断と言える。しかしこの裁判でホーリネスを「正統派教会と思いません」と言うことは、ホーリネスと確執のあった主流諸教派にとっては皮肉なことだが、ホーリネスこそ聖書の真理に生きる教会だと証言するようなものである。これは神学的には興味深い証言なのだが、当時の桑田にそんな意識があったとは考えにくい。お分かりになるだろうか。治安維持法で無罪を主張することは、変質したキリスト教信仰を主張することになり、正統教会であることの主張は、日本的キリスト教だと主張することになる。これが治安維持法のからくりであって、桑田の中では、本来なら相反するはずの聖書の真理に生きる教会と、日本的キリスト教が、「正統派」という括りで一つになっている。いわば桑田の教会観自体が混濁しているのであって、「正統教会と思いません」という発言が切り捨てだと単純には言えない。「実践派」という言い方は苦し紛れではあるが、やはりホーリネス擁護を匂わせている。

この証言の難しさは、逆にこの裁判でホーリネスを擁護するにはどう証言すればよいかと考えてみると分かる。再臨信仰が「国体の否定」だと断じられているのである。それを法律論ではなく、神学的・信仰的に擁護することは、本来できないのである。したがって、これがただの切り捨てにしか聞こえないとすれば、その人は自らの信仰が日本的キリスト教でないか自問した方がいい。こうしたからくりに巻き込まれたのがホーリネス裁判の悲劇であり、実際には桑田も同じ理屈に巻き込まれているだけなのだ。

桑田自身は、「この問答の間、私は後方におられるホーリネスの先生方のことをもちろんたえず意識したが、それらの先生方のことを何ら弁護することなく（もちろん悪くいうこともなく）、私は教団が終末の信仰についてどう考えるかについて述べたつもりであった」(31)と述べている。その通りで、桑田は、ホーリネスを切り捨ててもいないし、擁護もしていない。これは、桑田の肩を持っているのではない。桑田にとってこの証言は、いわば正解のない踏み絵だったと言える。桑田は苦も無くそれを踏んでいるように見えるかどうか。そこに背教者的な葛藤が感じられるかどうか。今日のわれわれが考えるべきは、桑田の証言が切り捨てかどうかというステレオタイプの評価に終始するだけではなく、内心の自由を侵しかねないいわゆる「共謀罪」法などが難なく成立する日本社会にあって、どのような感性を持っているかではないだろうか。

村田は、国とは争わず、信仰を獲得し、徳川時代のような迫害とならないように「守勢の最後の線までさがっても教会を守る事」などが、当時の方針だったと言うが、晩年の桑田も、「地味に教会を護り抜かなければならないということを、ここで叫びたい」(32)と言っている。よく言われることだが、教会は人間に護られなければならないものなのか、そしてこの「本質的信仰」とは何かが問題である。ただ一つ分かるのは、近代市民社会において政教分離原則は、公権力が宗教に介入することを禁じているのに対して、桑田は教会が政治や社会問題にかかわらないことを政教分離と考えている。その境目を踏み越えた結果が、ボンヘッファーやキング牧師の死であるかのように言っている。比較的単純な聖俗二元論的な思考であり、これは日本の教会に根強いのだが、日本的キリスト教はこうしたところから入り込んで来る。これもよく言われることだが、日本の有力な神学者たちがドイツの教会闘争を知りながら、日本でそのような運動は起こらなかった。その理由は、こうしたところにあるとも言えるだろう。

iii　上申書の記述から

弾圧の概要に記したように、訊問は特高と検事と判事によって行われ、それぞれ調書は三種類ある。その証言が比較的知られている菅野鋭の調書は特高警察によるもの[33]、車田秋次の調書は判事による予審である[34]。神社は宗教であり、天皇も罪人である、といった証言が好んで引用される。それらが嘘だとは言わないが、「上申書」と併せて読むなら、それらは金科玉条ではあり得ない。

今日でもそうだが、「調書」を自分で書くことはない。それに対して「上申書」は、被告である牧師自らが書いたものである。ホーリネス裁判を考える上で、重要な資料になる。

上申書が書かれた経緯は、車田の日記に書かれている[35]。被告の牧師たちは、公判の合間にしばしば集まって、次回の公判の打ち合わせを重ねた。そうした会合の中で一九四四年一〇月二三日、藤川弁護士から、裁判長から上申書の提出を「示唆」されたという報告を聞く。また、札幌の小野村林蔵が神社問題で検挙されたことも聞かされた。これを受けて、牧師たちはそれぞれ作成にとりかかった。上中書は基本的に個人で書き、弁護士と相談した上で修正を重ねた。分かる範囲では全員で集まって、上中書について打ち合わせたのは一度だけである。書式や内容は画一的に同じではないが、共通している内容も多い。再臨信仰の理解は中田とは違う、再臨は具体的政治的ではない、調書は一方的に書かれた不本意なもの、天皇の統治権摂取や天皇の統治廃止などは考えてもいない、神社に参拝したり崇敬しているなど日本人としての誠意を尽くしている、といった事柄である。神社問題についての記述は、小野村林蔵の検挙も影響しているであろう。神社に関する部分を引用してみる。

「神社に就てもお前等は偶像といふだろいうといわれましたが偶像と異なる事、偶像とは決していはぬ事を申上げたのですが（中略）遂に偶像崇拝類似の宗教と言はせられて終ひ、神社は日本人として崇敬すべき処だと申したのを崇敬しても差支ないといふやうに書かれたのであります。」（米田豊）

「また国民と致しまして神宮、神社の参拝は勿論之に対する十分なる尊敬を積極的に表明して参る決心であります。」（車田秋次）

「私が司法警察官に陳述した調書の中に靖国神社や宮城に対して電車の中で遥拝しなかった様に書いてありますが、あれは全くの誤りでありまして、私は毎日の様に電車で九段下を通りました又屡々宮城前を通過致しましたが其都度私はそれに対して遥拝を致しました。」（山崎亭治）

「終にこの保釈期間を利用して西下伊勢参宮をなし、（中略）早朝には公判開廷日を前にして明治神宮に詣で同日午後には九段招魂社に参じて斯くの如き不祥の事件にまつはれて国家の非常の時に何ら積極的に祖国に奉公を致し得ざる現状をわび（中略）愈々公判に臨むに先立って二重橋々頭にて遥か濠を隔てて皇居を遥拝し奉って臣民として誠に不甲斐なき自らの現状に泣き……。」（蔦田二雄）

次に国体に関する記述を引用する。

「当時国体観念乏しかった事を恥ぢ其後今も之を研究し日本精紳涵養に努めて居ります。」（米田）

「もう一つは前掲の理由と並行して、当時世間一般に愈々声高くなりつつあった国体明徴の叫びにも答へて夫に対する我が聖教会の立場を之に由て表明せんとしたものなのであります。」（車田）

「御皇室や国体に関して平生考へたり、云ったりした事もなきことを考えさせられたり書かせられたりした事は私には全く遺憾極まることでありまして（下略）」（蔦田）

「『国体を否定すべき云々』の罪名は苟くも階《ママ》下の赤子として其の国民的心情―日本人の純情に悖ること甚だしく到底忍び能はざるものであります。」（小原十三司）

こうした文を書くことは、不本意だったに違いない。しかし、上中書に何度も「書かれた」という表現が出て来るように、調書類に書かれたこともまた不本意だと言っているのである。これが、調書に書かれた証言は金科玉条ではあり得ない理由である。やはり、この弾圧での「天皇か、キリストか」という問いは踏み絵である。長くホーリネスの牧師たちはそれを踏まなかったと考えられていたが、上中書はそれを否定している。

安倍豊造は保釈後、米田に次のように詰問した。「先生、私は検事局や予審で先生の申立てたという調書を読んで聞かせられましたが何んたる事ですッ。先生が嘗ってあのような事を云うた事がないではありませんか」。それに対して米田は、「そうなんだよ。然しいくらそうでないと云言うても聞き入れないいんだよ……あそこへ行ったら、もうしようがないいんだよ……彼らがするようになったんだよ」と答えている。[36]安倍は、全国の教会と信徒のために、もっと戦って欲しかったと記している。ここで安倍が言う「何んたる事ですッ」とは、米田の信仰告白が曖昧だと責めているのではない。天皇を崇敬する日本人であることを、なぜもっと主張してくれなかったのか、という苛立ちである。

「国体を否定」する治安維持法違反に問われて、神学的、信仰的に対処することは、前述の通りほぼ不可能である。本来であれば、治安維持法は宗教統制を念頭に作られていないことを根拠に無罪を主張すべきであった。[37]藤川弁護士の主張にも含まれてはいるが、最終的には信仰論を元に天皇を崇敬する善良な臣民という裁判戦略をとってしまった。上申書に書かれている事柄は、不本意であったとしても、牧師の言葉としては間違っている。

そして戦後、藤川弁護士による「弁論要旨」は車田の自伝に掲載され、二度公刊された。[38] 信仰的には挫折とも言うべき内容であり、どうして祝意を表す自伝に載せたのかと思う、しかし、そうした内容に関する批判も、掲載することへの躊躇もなく、貴重な資料として「光彩を添え」るものと紹介されており、加えて浄書した若い牧師たちも当時の状況を知って、深い感銘を受けたという。[39] 藤川弁護士にも、被告となった牧師たちにも、証人に立った桑田秀延にしても、そして戦後世代の牧師たちの中にも、葛藤が感じられないのである。

3 戦後の歩みから

戦後すぐに「一億総懺悔」が呼びかけられた。これは、戦後日本のキリスト教の「戦争責任」観に大きな影響を与えている。そもそも「一億総懺悔」は、戦後の混乱を収束させるために皇族から首相に選ばれた、東久邇宮稔彦の発案と言われるが、一九四五年八月二八日午後の東久邇の記者会見よりも前に、教団統理の富田は、「上御一人と共に苦しみ、国民と共に懺悔し今後の日本再建のために全力を尽さねばならぬ」と言っている。[40] また、同日夕方に東久邇は賀川豊彦と面会し、「キリスト教を通じて、道義心の向上に努力してもらいたい」[41] と協力を要請し、これを受けて教団は「総懺悔更生運動」を呼びかけた。[42] 政府と教団の意向が合致したものと言えるだろう。

「一億総懺悔」は、誰もが悪い、結果、誰も悪くない。誰にも責任がある、結果、誰も責任をとらない、という、まさにマジック・ワードである。責任を相対化してしまうこうした感覚は、日本的な曖昧さと評されることもあるが、必ずしもそうではない。ハンナ・アーレントは、「組織化された罪」の中で、ナチスの政治戦略は、ナチスと一般のドイツ人に違いはないというもので、連合国が描く反ナチスのドイツ人による民主化は幻想であること、このテーゼを推し進めると当然、責任の所在は明確でなくなると、ドイツ人の罪を一般化することを批判している。[43] しかし日本の教会は、政府の意向に乗り、責任の所在を曖昧にする道を選んだ。統治者と被統治者、皇族や軍部、政治家と一般国民を分け隔てない考えがキリスト教的と思ったためか、懺悔という言葉がキリスト教的に彩られていると思ったためか、自分たちを抑圧していた政府から協力を要請されたことで浮足立ったためか、自分たちの責任を意図的に回避したいと思ったためか。理由はいろいろ考えられるが、いずれにしても責任が曖昧になれば、当然葛藤もなくなる。

こうした日本の教会が、自らの戦争責任を自覚して言い表したのは、一九六七年の「第二次大戦下における日本基督教団の責任についての告白」（いわゆる「戦責告白」）だったが、教団は戦責告白が元で混乱に陥った。そうした教団を尻目に、いわゆる聖書信仰を掲げる福音派の諸教会は伝道に励んだ。それでも福音派は、そもそも自由主義神学とナショナリズムへの対峙によって結集していたこともあり、戦後五〇年の一九九五年前後に相次いで戦争責任を言い表した。難しかったのは、時間的に大きく隔たった戦時下の教会との連帯の理解と、責任のリアリティであった。戦争責任の問題意識は共有されるようになってきたが、残念ながら、連帯や責任のリアリティといった課題は深められたとは言い難い。

それは、教会の諸課題への対応にも影響をもたらしてきた。例えば、公権力や天皇制の問題にかかかわることは大切だが、弱者に対して物分かりのいい理解者を自負し[44]、独りよがりな正義を振りかざすところに葛藤はない。例えば、各地で災害が起きると教会が率先して対応するのは大切だが、隣人愛の実践だとはしゃぐ人たちは、被災者への同情心はあるものの、その言動が「善意の侵略」と批判されても、何を言われているか分からない。例えば、教会でのセクシュアル・ハラスメントが問題となり、一般の週刊誌でも報じられると、キリスト教メディアもその問題点については神妙に報じつつも、見出しは写真週刊誌並みのキャッチーなものを掲げた[45]。ハラスメントの加害者の中には、開き直る者、独り言のような懺悔に終始する者が後を絶たない。それを擁護するキリスト者が思いのほか多いのは、加害者との連帯など思いもつかず、そのため責任の自覚も生まれないためだろう。その結果、事実に向き合うことができず、ハラスメントの被害者に同情し、寄り添っていると自覚しながら、その心情は理解されないままとなる。

そして遂に、筆者が属する教団の機関紙には、次のような言葉が載った。「当教団が戦争責任告白を出したとき、私たちの罪を告白することができました。それ以来、今まで以上に、私は過ち、罪を告白することが容易になりました[46]」。書き手の真意はどうであれ、この言葉には言い訳の余地がない。しかし、これまでの歩みの当然の帰結であり、この教団だけの問題でもない。冒頭に記した戦争責任をめぐる違和感の正体は、おそらくこれである。いずれ赦されるという安堵感、罰せられず、責任も問われないという安堵感は、葛藤とは無縁である。より深刻なのは、この発言は、教会の諸課題に無関心な者が発した言葉ではないことである。

おわりに　戦争責任再考

日本のキリスト教史に見られる「無信仰者」性を、ホーリネス史を中心に概観してきた。身内の恥をさらすことは心苦しいが、日本の教会がもつ「無信仰者」性の問題は、罪を犯すことだけではなく、葛藤や気付きがない点にあると言える。先の機関紙の言葉を見た時、同じ教団の人間として恥ずかしいと思った。それは傍観者の感想だとか、自分だけが気づいていると思うな、などと批判されるだろう。その通りだと思う。ただ、ここから考えさせられることもまた多い。

例えばH・アーレントは、自分がドイツ人であることを恥じるというドイツ人に会うたびに、「私は人間であることを恥じると答えようという思いに駆られた」と言っている。[47] どんなことでもしてしまう人類の罪深さ、その人類と連帯しており、その責任を負うべきことへの気付きがなければ、これはこれ以上ない罪の一般化の言葉になってしまう。例えばディートリヒ・ボンヘッファーは、原罪について語る中で、「普遍的罪責体験」はやはり連帯の中で生じると言い、《災いだ。わたしは滅ぼされる。わたしは汚れた唇の者。汚れた唇の民の中に住む者》[48] という聖書の言葉を挙げる。[49] これはホーリネスでは「きよめ」の説教でよく説かれる聖句でもあるが、罪の自覚と汚れた民との連帯の意識が遊離すると、やはり葛藤は生まれないのではないか。例えば原罪に関してラインホールド・ニーバーは、近代セキュラリズムの特徴はキリスト教原罪説を拒否した楽観主義であり、その結果、「厳粛にして、真実な人間観」も拒否されているという。[50] 罪への気付きがなければ、宗教は楽観主義を支えるだけのものに成り下がり、人間理解は表層的になり、福音も単に明るい未来を約束する積極志向の言葉に過ぎなくなるのではないか。

よく知られた議論を並べているだけだが、最後に『責罪論』[51]を書いたカール・ヤスパースに触れたい。ヤスパースは、罪の区分を「刑事犯罪」「政治上の罪」「道徳上の罪」「形而上的な罪」の四つに分ける。ナチスの指導者が負うべき法律に反したものが刑事上の罪、ドイツ国民が負うべきものが政治上の罪、良心の呵責を覚えるのが道徳上の罪である。ちなみに家永三郎の『戦争責任』[52]は、戦争の「惨禍」を想起することを通じて戦争責任を問うもので、形而上的な罪についての言及はわずかだが、植村正久と内村鑑三の言葉が引用されている。そこにキリスト教的な価値観が影響していることは興味深い。

さて、その形而上的な罪であるが、ヤスパースによれば、道徳は目的達成のための冒険や要求しても破滅は要求しない。それでも心のうちにそれとは別の源泉をもった罪の意識が形而上の罪である。独裁制が樹立したとき、ユダヤ人が迫害されたとき、政府の戦争犯罪が明らかになったとき、死を選ぼうと思えばできたが「われわれ生き残った者は死を選ばなかった」「われわれが今生きているということが、われわれの罪なのである」という、罪意識である。これは「いやしくも人間との、人間としての絶対的な連帯性が十分にできていないということ」で、ここでも問題になるのは連帯である。

一九一四年、第一次世界大戦のドイツの正当性を主張してバルトを失望させた九三人の「知識人宣言」の約二週間後に出された「大学声明」の中に、ヤスパースの名もある。彼は自伝で「大学の永遠の理念への裏切り同然」と振り返る。[53] また、第二次大戦下、妻がユダヤ人であったために大学を追われ、強制収容所へ移送される寸前に救出された。ただ、ナチスに抵抗したわけではない。

日本の教会はこうした議論に影響を受けながら、戦争責任を問うてきた。多くの場合、神社参拝などの行為が十戒に反するといった神に対する罪責、また神社参拝の強要や戦争協力といった隣人愛についての罪責が問われてきた。そうした「行為」や「事実」を確認するのは大切な作業だが、当事者による罪責の表明は皆無であり、その評価は後代の人間によってなされてきた。けれども、日本のキリスト教史に見られる「無信仰者」性は、必ずしも戦時下といった状況、遠い過去のことではなく、今日の課題でもある。その原因が何か、対処法が何かということが分かっているわけではないが、ここまででキーワードとして挙げられるのは、「連帯」と「原罪」である。「連帯」は、一億総懺悔のような罪の一般化と紙一重であり、「原罪」については、ニーバーが言うように近代文化が原罪を拒否しているとすれば、われわれの原罪に対する感性も鈍くなっているに違いない。そうした自覚がなければ、日本の教会はバルトやボンヘッファー、またバルメン宣言やシュトゥットガルト罪責宣言によく学んできたが、それすらも自分に都合よく理解しかねないということになる。

先に「恥ずかしさ」に触れたが、聖書によれば、人類が最初に罪を犯した直後の感情は「恥」であった。[54] 罪の意識は、絶対者を畏れるところにしか生まれない。ヤスパースの『責罪論』はキリスト教書ではないが、罪を回避しないとなれば、「われわれは、もはやドイツ人としてでなく、集団としてでなく、一個の人間として神の前に立っているのである」とある。[55] ナチスに抵抗したわけではないヤスパースの形而上的な罪の認識を、やはり公権力に抵抗したわけでなく、政教分離原則や信教の自由といった権利を勝ち取ったこともない日本の教会は、理解し共有することができるだろうか。

しかし遠藤周作は、日本人の罪の意識は人の眼、社会の眼に対する恐れに過ぎず、神という絶対者のいない風土では、「背徳者〔＝背神者〕」はあり得ないという。[56] 家永三郎が戦争の惨禍に着目するも、形而上の罪にあまり言及しないのも当然ということになる。そして現代日本人は「無道徳者〔＝無信仰者〕」であるという遠藤の主張は、ここで概観した日本のキリスト者にも当てはまってしまう。確かに痛みも恥もない懺悔の言葉が、日本社会にもキリスト教界にもあふれている。

こうした現実は認めざるを得ないし、その自覚は必要であろう。しかし、見方を変えればそれは、《善をなそうという意志はありますが、それを実行できないからです[57]》という状況だと言えないだろうか。デモクラシーなど愚かな光の子には、罪の認識が欠けているというニーバーは、しばしばこうした聖書の言葉を引用する。われわれが聖書に記されているような、善を《実行できない》でいる、あるいは《望まない悪を行っている》状態だとすれば、われわれにはまだ希望があるということだ。「罪となじむことも堕落することも非常にやさしい」（遠藤）風土の中で、自らの《惨め》さに気付き葛藤できるかどうか、われわれの感性が試されているように思う。

1　遠藤周作「背徳の意味するもの」『講座　現代倫理』第八巻、筑摩書房、一九五八年、一〇七頁

2　例えば、武田清子『土着と背教』新教出版社、一九六七年

3　拙稿「初期ホーリネスの朝鮮伝道」『日本の「朝鮮」支配とキリスト教会』いのちのことば社、二〇一二年、参照。

4　『焔の舌』第九四号（一九〇四・七・二五）、同第二八九号（一九一一・六・二五）『きよめの友』第八三六号（一九二二・一〇・一二）ほか。

5　『きよめの友』第八二五号（前出）一頁

6　織田楢次『チゲックン』日本基督教団出版局、一九七七年、三四頁

7　『きよめの友』第一五一一号（一九三六・一・一六）七頁

8　『きよめの友』第一五一一号（同上）

9　拙稿「戦時下ホーリネスの『戦時』と『日韓関係』」『第七回日韓聖潔教会共同歴史研究会』同研究会、二〇一四年、参照。

10　『霊光』第四一八号（一九四二・七・九）四頁

11　「朝鮮ニ徴兵制施行準備ノ件ヲ定ム」（一九四二年）、国立公文書館デジタルアーカイブ

12　『朝日新聞』第二〇一五九号（一九四二・五・一〇）朝刊八頁、同夕刊一頁―二

13　姜徳相『朝鮮人学徒出陣』岩波書店、一九九七年、吉田裕『徴兵制』学習の友社、一九八一年、趙景達『植民地朝鮮と日本』（岩波新書新赤版一四六三）岩波書店、二〇一三年、辛島驍「朝鮮学徒兵の最後」『文藝春秋』昭和三九年一〇月特別号、文藝春秋新社、一九六四年、など参照。

14　「朝鮮出身兵取扱教育の参考資料送付に関する件　陸軍一般への通牒」（一九四三年）、国立公文書館　アジア歴史資料センター

15　パク・ミョンス（朴明秀）「日帝末の宗教政策と韓国聖潔教会」『第四回日韓聖潔教会共同歴史研究会』同研究会、二〇一一年、五一頁

16 米田勇（編）『中田重治全集』（全七巻）、同刊行会、一九七三～五年
17 米田勇（編）『中田重治全集』第二巻、二頁
18 『焔の舌』第三五九号（前出）、一頁
19 米田勇（編）『中田重治全集』第七巻、五二頁
20 そのほかのホーリネス史の資料に関する問題については、拙稿「ホーリネス史の課題」『ホーリネス信仰の形成』日本ホーリネス教団、二〇一〇年、三六頁以下を参照。
21 同志社大学人文科学研究所キリスト教社会問題研究会（編）『戦時下のキリスト教運動』3、新教出版社、一九七三年、一四四頁
22 『宣研だより』第一〇号、日本基督教団宣教研究所、二〇〇一年
23 拙稿「ホーリネス」『戦時下のキリスト教』教文館、二〇一五年
24 米田豊、高山慶喜『昭和の宗教弾圧』いのちのことば社、一〇五頁以下
25 辻宣道『嵐の中の牧師たち』新教出版社、一九九二年、九一頁
26 土肥昭夫『日本プロテスタント・キリスト教史論』教文館、一九八七年、二二五頁
27 同志社大学人文科学研究所キリスト教社会問題研究会（編）『戦時下のキリスト教運動』1、新教出版社、一九七二年、二七二頁
28 井上良雄「教会の戦争責任」『罪を担う教会の使命』新教出版社、一九八七年、一一七頁
29 村田四郎「回顧五〇年」『ヨハネ伝ほか』日本基督教団横浜指路教会、一九八七年、四七三頁
30 安倍豊造「われらを試みにあわせず」『ホーリネス・バンドの軌跡』新教出版社、一九八三年、五四四頁、これは『聖霊行伝第六巻　悪より救い出し給え』キリスト新聞社、一九六二年、を多少編集して収録したもの。

31　桑田秀延「神学とともに五十年」『桑田秀延全集』第五巻、キリスト新聞社、一九七四年、一一四頁
32　明治学院キリスト教研究所（編）『日本神学思想史に現われた神学の問題と人物』キリスト新聞社、一九七六年、四四頁
33　尾花晃・土屋和彦（編）『殉教』HANA出版、一九九六年
34　車田秋次『車田秋次全集』第六巻、いのちのことば社、一九八五年、三二一頁以下
35　車田秋次『車田秋次全集』第五巻、いのちのことば社、一九八五年、一四八頁以下
36　「われらを試みにあわせず」『ホーリネス・バンドの軌跡』（前出）、五二九頁
37　奥平康弘『治安維持法小史』筑摩書房、一九七七年、二〇四頁以下、この本は現在は岩波書店から発行されている（岩波現代文庫）。
38　車田秋次『御霊の法則』車田先生米寿記念出版委員会、一九七四年、と、同書の再録である、車田秋次『車田秋次全集』第七巻、いのちのことば社、一九八六年
39　『御霊の法則』（前出）、三七四頁
40　日本基督教団宣教研究所教団史料編纂室（編）『日本基督教団史資料集』第三巻、日本基督教団出版局、一九九八年、三五頁以下
41　東久邇稔彦『東久邇日記』徳間書店、一九六八年、二二四頁、ほかに賀川の回想については、賀川豊彦「続・空の鳥に養われて」『賀川豊彦全集』第二四巻、キリスト新聞社、一九六四年、五三四頁、を参照。なお、外国人の賀川伝では、東久邇は「国民生活の基礎にイエス・キリストが必要である」と伝えるものがある。レイ・ムーア（編）『天皇がバイブルを読んだ日』講談社、一九八二年、三五頁、Cyril J. Davey, Kagawa of Japan,London, 1960, p.125など。

42 『日本基督教団史資料集』第三巻（前出）、三七頁以下

43 ハンナ・アーレント「組織化された罪」『パーリアとしてのユダヤ人』未來社、一九八九年、二一九頁

44 『戦時下のキリスト教』（前出）、一七七頁参照

45 『キリスト新聞』（二〇〇七・四・七）、キリスト新聞社

46 『りばいばる』通巻七九六号（二〇一五・二・一）、日本ホーリネス教団

47 『パーリアとしてのユダヤ人』（前出）、二三五頁

48 イザヤ書第六章五節

49 D・ボンヘッファー『聖徒の交わり』（選集一）新教出版社、一九六三年、八六頁

50 この本は、日本では出版社を変えながら四回出版されている。新しいものは、ラインホールド・ニーバー『光の子と闇の子』晶文社、二〇一七年、二五頁

51 この本も、日本では書名と出版社を五回変えながら版を重ねている。新しいものは、K・ヤスパース『われわれの戦争責任について』（ちくま学芸文庫）筑摩書房、二〇一五年

52 家永三郎『戦争責任』岩波書店、一九八五年、現在は岩波現代文庫

53 ヤスパース『哲学的自伝』（選集一四）理想社、一九七五年、八六頁

54 創世記第二章二五節、第三章七節

55 『われわれの戦争責任について』（前出）、一九七頁

56 『講座　現代倫理』（前出）、一一六頁

57 ローマの信徒への手紙第七章一八節

戦時下説教の実像

大連西広場教会月報『霊光』を中心にして

戒能信生

「戦争中、私は毎日、新約聖書を読んでいた。キリスト教会にゆくと、そこではほとんど毎回、戦争賛美をするので、そこをさけて、ひとりで読んでいた。今まわりにあるのと別の世界がそこにあった。」（鶴見俊輔『隣人記』晶文社、一九九八）

1　戦時下説教の不在

あの十五年戦争下において、この国の諸教会の説教で戦争についてどのように語られてきたのか、特に時局や戦局の趨勢についてどのように触れられていたのか、以前から関心があった。当時の牧師たちの説教を非難したり、揚げ足を取ろうとするためではない。「新しい戦前」と言われる現在、先達たちが、戦時下の講壇においてどのように苦闘したのか、その苦悩と葛藤から少しでも学びたいと考えるからである。

ところが、戦時下の説教を探すことは予想以上に困難である。この国では驚くほど多数の説教集が刊行されている。キリスト教出版社から刊行されたものだけでなく、私家版として、あるいは各個教会の記念出版として刊行されているものも数多く存在する。著名な神学者の全集や著作集にも多くの場合その説教が収録されている。日本聖書神学校に収蔵されているこれらの説教集を網羅的に調べてみたが、驚いたことにその中に戦時下説教を見出すことはほとんど出来なかった。戦時下において良心的であったとされる牧師の説教集の中にも、戦時下の説教は収録されていないのである。

説教集が編纂される際、戦時下の説教は採用されなかったのだ。ただ僅かに牧師の没後、教会員たちによって編集された説教集の中に、戦時下説教のいくつかが採録されているだけであった（例えば『小塩力説教集Ⅰ～Ⅲ』新教出版社、一九七七、七八年）。

2　大連西広場教会と月報『霊光』

ところがここに、戦前、満洲の大連にあった大連日本基督教会（通称「大連西広場教会」）の月報『霊光』がほとんど欠号なく発見されたのである。一九三一年（昭和六年）九月に創刊された創刊号から、一九四五年（昭和二〇年）六月の最終号一五九号までが揃っている（欠号は二七号、一一七号、一一八号。三二号は重複）。つまり一九三一年九月に勃発した満洲事変とそれに引き続く満洲帝国の成立、一九三三年の国際連盟からの脱退、さらに一九三七年に始まる日中戦争と、満洲をめぐる政治的激動と軍事衝突が続く中で、大連西広場教会の月報『霊光』の紙面にはどのような変化が現れたのか、そしてそこで語られる説教の論調にどのような影響があったのかを克明に追うことができるのである。

大連西広場教会は、一九〇四年、日露戦争の最中、陸軍一等主計生・日疋信亮（後の陸軍主計少将、東亜伝道会理事長）を初めとするキリスト者従軍兵士・軍属たち有志によって、遼東半島先端の青泥窪（後の大連市）にあった日本陸軍倉庫本部で最初の礼拝が献げられたことに端を発する。一九〇五年一二月五日、日本基督教会伝道幹事・基山幸次郎が大連に赴き、大連日本基督教会が設立され（中国大陸における最初の邦人教会）、一九〇七年一二月一五日に、大連市の中心部西広場に面した土地七二〇坪を大連民政所から無償で借用することとなり、一九〇七年一二月一五日、同地に堂々たる会堂を建築するに至る。（写真参照）

ところで、戦前の日本の植民地、台湾、朝鮮、満洲などには数多くの邦人教会が設立されている。昭和一六年版『基督教年鑑』によれば、樺太一三教会（信徒数六三五人）、台湾三六教会（三、〇五六人）、朝鮮五六教会（五、八二九人）、満洲五一教会（四、五三九人）、中国二八教会（一、〇一四人）、マニラやシンガポールなど南洋各地に九教会の邦人教会があったとされる。これほど多くの邦人教会があり、数多くの教会員がいたのである。しかしそのすべては、敗戦によって「放棄」され、教会員たちは家や財産を棄てて引揚げねばならな

かった。したがってこれらの邦人教会の記録もまた多くの場合散逸し、その歴史を跡づけることは出来なくなっている。

その中で大連西広場教会は、例えば一九三六年の統計で、教会員数七四〇名、礼拝出席者数平均一五二名、年間受洗者数四八名を数え、大連市近郊に沙河口教会、嶺前教会の二つの教会を設立し、さらに市内に合計五つの日曜学校分校を抱える大教会で、日本基督教会の中でも五指に数えられる盛んな教会とされていた。一九二七年、それまでの三吉務牧師が植村正久・南廉平牧師亡き後の富士見町教会に招聘された後任として、東京神学社教授であった白井慶吉牧師が着任し、一九四五年の敗戦までこの教会の牧師として責任を負うことになる。

したがって一九三一年に創刊され、一九四五年六月まで一五九号にわたって発行された大連西広場教会の月報『霊光』には、白井慶吉牧師の説教を初め、数多くの文章が掲載されることになる。但し『霊光』に掲載された白井牧師の文章は、説教だけでなく、巻頭言、聖書講解、神学的論考、論説、随筆、志道者のための勧めなど多岐に渡り、さらに日曜学校クリスマス・ページェント脚本、時局問答、時局小説にまで及ぶ。しかもその中には無署名であったり、「K・S」とのみ記されたものも少なくなく、さらに「越山生」「深山樵夫」といった筆名を用いている場合もある。それらがすべて、白井慶吉自身の文章であることは、その文体や内容から確認できる。その意味で一四年間、一五九号に及ぶ『霊光』誌は、白井慶吉が牧師として全力を傾けて執筆したものと考えられる。

3　白井慶吉牧師の生涯

白井慶吉

白井慶吉（写真参照）は一八八二年五月一五日、新潟県に生まれ、一八九二年両親と共に石原保太郎牧師から受洗。九九年新潟商業学校を卒業して家業の海鮮問屋で働く。一九〇六年、二四歳にして上京し、創立間もない東京神学社に入学、植村正久、柏井園などの薫陶を受ける。一九〇九年同校卒業後、函館教会（現・函館相生教会）、新潟教会（現・新潟中通教会）、熊本教会（現・錦が丘教会）牧師を経て、一九二〇年アメリカ留学、サンアンセルモ神学校、マコーミック神学校、プリンストン神学校大学院でキリスト教史、教会史を学び、一九二四年帰国。東京神学社教授として教会史、キリスト教史を教える。一九二七年、日本基督教会大連教会（通称・西広場教会）の招聘に応じて牧師に就任して敗戦まで同教会牧師を務める。その間、満洲中会議長を歴任、西広場教会の月報『霊光』の発行を続け、巻頭言や説教、聖書講義を執筆。一九四七年引き揚げ後間もなく、千代田教会を創立。一九五一年新宿区四谷坂町に千代田教会礼拝堂を献堂。一九五八年から一九六二年、二期にわたり日本基督教団総会議長を務める。一九七〇年から一九七二年にかけて『復刊霊光』（月刊）を個人として発行し健筆を振るう。一九七七年、九五歳で千代田教会牧師を隠退。一九八五年一〇三歳で逝去。著書『白井慶吉説教及論考集』（刊行会編、一九八三年）

4　白井慶吉牧師の戦時下説教の実際

戦時下の白井牧師の説教や言説がどのようなものであったか。戦争や時局に直接触れた部分を、以下にいくつか抜き書きしてみよう。

「宗教と国境」（『霊光』一〇七号、一九四〇年八月　無署名）

宗教は国境を超越すると言はれるが、宗教を信ずる人間は国境を超越する事出来ぬ。例えば花は名の有る無しに拘はらず必ず何かの花であつて、何花でもない唯だ花だといふはあり得ないのである。人間もみな其属する国があつて、無籍者でない限りは、厳として国家に対する義務、奉仕、忠節を要求される*。まして皇国日本の如く輝かしい特殊の国体、伝統、価値、勢力を有する国家にあつては、国民ここに大いなる慶福を亨け誇りを持たしめられると同時に、国家のためには犠牲を光栄とし死をも軽しとする高貴の精神を鼓舞せられざるを得ない。国家と宗教の問題に関しては、真理は国境を超越しても真理の適用に至っては、実際的に断然国境がある。基督者は何人にも譲らぬ愛国者でなければならぬ。真実の宗教は忠良の国民を作る。

我ら皇国の民　筆者幼少の頃より特に漢籍の素読を受けしめられ、国体の観念に就ては常に厳しい指導を与へられ、長じて泰西の思想学術に接触し、後ち彼らの国に留学するに及んでも、東洋殊に祖国日本の有する価値は益々深く之を認識せざるを得なかつた。それ故に基督教を伝へるに当つても、機会ある毎に或は口を以て或は筆を以て尊皇愛国の大義を鼓吹し来つたのである。視よ我らの血液には皇室に関し国家に関し、異国人の到底想像し得ない崇厳神秘のもの肇国このかた連綿として潜み来つて居るではないか。今や皇国非常の時に際会し、同胞幾萬の生霊我らのため国の祭壇に献げられて居る。我らは如何なる苦難を忍び犠牲を払ふても、祖国をして此光輝ある大業を完成せしめなければならぬ。それがために忍ぶ苦難を喜び、払ふ犠牲は之を光栄とし祝福と考へたい。名宝日本刀も精鉄火に焼かれ水をくぐり、百鍛千錬して功成るのである。国栄え民さきはひ、世界のために大なる使命達成せられんためには、我らは深刻なる困苦欠乏を必要とするであらう。信仰は斯る場合に一層其力を発揮すべきである。

「ああ此の魂魄」（「巻頭言」無署名、一九四二年二月八日『霊光一二六号』）

大東亜戦争勃発以来、皇軍の戦果赫赫として輝き、其間我国将兵の忠勇武烈なる実に鬼神をも驚かすに足るものあり。我らはその至誠君国を思ひ身を鴻毛の如く軽く処して、潔よく死んで行く彼らのために幾度涕泣せしめられたか知れぬ。ああ彼らの此の魂魄。銃後国民の心肝を深く揺ぶり動かし、永く国の鎮め国の護りとなるのである。

君国のために已れを忘れる純忠純義の精神が、総ての職域に発揮される時、戦時平時を通ずる国民の態度ここに全うされるのである。基督教も、盡忠報国の趣意に於て、信徒の上に投げかける諸種の要求がなければならぬ。

日本国と基督教　基督教は十字架の宗教である。基督は十字架にかかりて救贖の大義を完うし給ひ、信徒も亦道のためには苦難も恥辱も恐れずに精進すべき意味に於て、十字架を負ふべき事が教へられる。歴代の聖徒らは如何に多く迫害に遭ひ殉教の死を遂げたことか。予は思ふ日本の国土ほど此の十字架の宗教を育成するに適はしい場所は他になく、君国のために喜んで生命を捨て得る我国民ほど十字架の宗教の真義に深く徹し得る民族は他にないと。ここに此の宗教の将来に関し我国基督信徒は世界的な使命がありそれだけ基督教と国家との問題に於て信徒に重大な責任が課せられて居る。どうか巨眼を開いて時代を観、任務のある所に賢明であり勇敢でありたい。

数歩を先んずる　建物は一つ住まひは別々、これがアパートであり又現在の日本基督教団である。然し教会のアパート生活もさう永い事ではなく、三四年の裡には、或はもつと早く、完全合同の時期到来して今の部制も解除されるらしい。

合同前のようにあんなに沢山教派のあつた事は確かによくない。然しこんな風に合同された事は果たして宜かつたかどうかは、後代の批判を待たなければならぬ。けれどもルビコンは渡つて仕舞つたのだ、今はもう前進あるのみだ、思ひ切つて早く完全合同に邁進し、従来の行き掛りや情実を一掃して、光風霽月を仰ぐが如くに凡ての問題を処理し、我国福音主義教会を盤石の安きに置き、使命達成のために十分の力を発揮せしむべきである。我が大陸中會の如きも教団の完全合同遠からざることを察し、懸案の解決、問題の検討に於て、現在を数歩先んずるの態度に出たいものと思ふ。

「断じて勝つ」（「巻頭言」無署名『霊光』一四三号（一九四四年八月号）

先般盟邦伊太利に於て突如としてムツソオリニ氏退任し、ファシスト党倒れた時、我らは如何に大きな不安に包まれた事であるか、半枢軸国は挙つて伊国の単独講和を期待した風にも見えたが、事実伊国政府は国情転変の大きな危険に際し、何を議し何を考へたか我らの要望するような声明は暫時発表せられなかつた。間もなく同国が盟邦と義を堅うし飽まで戦ひ抜く態度明瞭になつたのであるが、それまでの短かい日時も、我ら枢軸国側の念慮非常に複雑なものがあつた。然し伊国の政情内情がどんなであつたにせよ、我らのような全くの素人考へを以て問題を観る者でも、伊国の単独講和の如きは、敗戦及び裏切りの汚名を千載に残すばかりでなく、国内は到る所惨憺たる戦場と化し、剰へ敵国の申入条件は苛烈を極め、戦争継続のために忍ぶ損害苦痛に比し、比較にもならず想像も許さない程悲惨な状態に陥る事になるであらう。大義名分のためなるは言ふまでもなからうが、利害得失の実際からしても伊国は断然戦争を継続すべきであつた。果して事情は今日の如く推移し、盟邦いよいよ心を同じうし力を協はせて戦勝に邁進しつつあるのである。

筆者は今何故に伊国の問題に就て語つたのであるか、読者よ願くば深く銘記されたい。かりに我国をして伊国と地位を更へしめ、戦利あらず講話の申入れをなすと想像せしめよ（これは全く仮定の想像である。事実はたとひ天地覆滅する事あるとも斯る不祥事はあるべきでない）敵側の要求は伊国に対するが如き程度のものではなく、其苛酷を極める条件は、寧ろ国を失ふを可とする程暴虐残忍悲惨のものであらう。どんなに憎んでも怒つても、まだ彼ら欧米人間の感情は敵英米が我国と我国民に対するに比して非常の相違がある。第一世界大戦後、独逸があのやうに勃興した事実に顧み、再び芽の出る気遣ひのないように本当に日本と日本の民族を抹殺するかも知れぬ。彼らがどんな甘言を以て約束するも其約束など反古にひとしい。一旦力を抜き敵の力にまかせるようになつては言語に絶する苛酷の条件に驚き慌て再び立上らんとするも機会は永久に逸し去つて居る。国滅びて何の基督教であり、教会であり、信仰生活であらう。こんど独逸はもし戦ひ破れたらどんなひどい目に遭ふであらうか、それよりももつとひどい比較にも話にもならぬひどい条件が日本に擬せられるのである。

此事を思ふだけでも此戦争は日本はどうしても敗けられない。どこ迄も勝たなければならぬ。財をすて生命を投げ出すは勿論の事、身は八つ裂きの如き苦痛にさいなまれても、此戦ひ勝つために全力を注がれなければならぬ。断じて勝つ、何としても勝つ、日本国民たる者、我も子孫も誰も彼も、どんな犠牲を払ひどんな苦難を忍んでも此戦争は断じて勝たなければならぬ。

「我らは戦ひ抜き勝ち抜く」（「巻頭言」無署名『霊光』一五一号、一九四四年五月号）

大東亜戦争は皇国日本にありては敵に強ひられ已むことを得ず立ち上がつた戦争である。一度立ち上がれば赫々たる大戦果挙がり、戦局の進展全く敵の意外とする所であつた。日本が此んなに強いと分つてゐたら、敵も戦ひを強ひるような暴慢悪辣な態度に出る筈はなかつた。然し矢弦を離れ戦ひの火蓋切られた以上、戦争容易に収まるわけはないのである。我らはどんなに大きな犠牲を払ひどんなに甚い苦難に遭遇しても、飽くまでも戦ひ抜き勝ち抜かなければならぬ。我らは戦局多端なるにつれ戦意ますます嵩まり強まるべきは言ふまでもないが、特に筆者の力説したいことは、戦争の経過に徴し戦局進展の状態に鑑み、主敵米英を始め凡て他の反枢軸諸国は皇国日本が如何に強い国であるかを肝に銘じて知らしめられた為に、もし日本が終局に於て戦ひに敗れるような事があるならば、この強い国この恐るべき民族が、決して再び立直るすべのないように、文字通り徹底的に叩きのめそうとすること火を見るよりも明らかである。此点からのみしても此戦争はどうしても敗けられない。いな断じて勝つ。勝つ為ならばどんな事でもしよう。財産が何であるか労苦が何であるか。勝つために役立つとならば潔く身もすて子もすて一切をすてよう。『国破れて山河在り』と言はれるが、我らには国敗れる時一切のものの在り得ないのである。……

「国の為に負ふ十字架」白井慶吉（『霊光』一五七号、一九四五年四月号）

……我ら生を皇国日本に享け光栄限りなく歓喜極まる所を知らぬ。また神の奥妙なる聖旨存し我ら此国に在りて基督教が深い真実な意味に於て国民利福の宗教たることを確信する。また尽忠報国の大義に於て、何人にも譲らず至誠に生き抜き、国興り同胞栄えるためには、如何なる苦難をも忍び如何なる犠牲をも甘受する。我らは一人一人喜んで国のために十字架を負ふのである。……国のため真に己を棄て潔く生命を投げ出し得る者により、戦ひも勝ち国も興るのである。戦局苛烈深刻を極むる時、我国基督者は信仰と共に国体に活き国情に活き、国の歴史に活きて、一人一人十字架を負ひ水火にも突き入るべきである。

以上『霊光』から白井慶吉が直接的に戦局や時局に触れているものの中から、ほんの一部を抜き書きしてみた。その全体像は紙幅の関係で紹介できない。（本書刊行と並行して発行される『富坂キリスト教センター紀要』第九号にもう少し詳しく紹介しているので参照していただきたい。）

それにしても、これほど積極的な戦争論・時局論が、毎号のように各個教会の機関誌に掲載された例は他に見られない。外地の大連にあった邦人教会であればこそ、と人は思うかもしれない。しかし植民地にあった邦人教会がすべてそうであったのではなかった。例えば、当時台湾にあった台北日本基督教会（上與二郎牧師）の月報『台湾基督教報』を見る限り、その説教や論説の中には全くと言っていいほど時局や戦局には触れられていないのである。

5　それはいつ始まったか

ここに紹介したような積極的な戦争論・時局観が『霊光』誌面に展開されるのは、やはり第二次世界大戦が始まる昭和一六年頃からである。しかし昭和六年に創刊された『霊光』の当初の紙面を見る限り、説教においても、その他の論説においても、政治問題についての言及は皆無と言っていい。例えば『霊光』が創刊された昭和六年九月一八日に起こった柳条溝の満鉄線路爆破事件に端を発する満洲事変についても、その翌年三月の満洲帝国建国宣言についても『霊光』誌面は直接触れることはなかった。それは頑ななまでに政治や時局の問題には言及しない当時の西広場教会の立場、そして牧師白井慶吉の姿勢を現わしていると見ることが出来るだろう。
ところが、その論調にいささかの変化が見られるのが『霊光』四八号巻頭の論説（一九三五年九月）である。そこには次のような言説が見られる。

記者愛国を説き日本国と基督教の関係を論じ、時に耳にする批評は、何ぞ時流に投ぜんとするの敏なるといふのである。或人々に然か見ゆる無理もない事と思ふ。然し記者にとつては平素の持論であり、身を精神界に投じて以来、常に高調し来つた重要題目の一つである。……生活に変化あり思想に推移はあつても、祖国に対する熱愛は年と共に加はつて今日に至つて居る。偶ま時流めぐつて日本精神高調の時代になつたに過ぎぬのである。

つまり、白井慶吉牧師が、「愛国」を説き、祖国愛と基督教信仰は矛盾するものでないと主張するのは、自分の年来の主張であったと言うのである。
ところが、このように祖国愛を強調しながらも、政治や軍事についての具体的な言及を慎重に避けてきた論調に変化が現れるのは、昭和一二年の夏に到ってである。
『霊光』七一号（昭和一二年八月号）の巻頭言「時局に際して」では次のように記される。

北支事変おこり、祖国日本は人心非常に緊張し、国を挙げて君命に維れ赴かんとする概がある。炎熱焼くが如き時、我が忠勇なる皇軍の将士は、異郷にあり国家のため身命を忘れて或は兵火の間に馳駆し、或は土地人民の護りに就き、殉国の死を遂ぐる際にも、重傷を負ふて地上に病床に呻吟する場合にも、念々君国の幸を冀ふ眞情は、我らをして感謝感激措く能はざらしめるのである。我が大連日本基督教会は茲に聊か北支皇軍のために慰問金を贈つて微衷を表はしたが、どうか親愛なる将士諸君の犠牲及ぶ限り少きに止まらんことを念願して止まぬのである。人類の眞の幸福と全地の眞の平和のために世界はまだ長い間『生みの苦しみ』を経験しなければならないであらうし、我らの愛する祖国が高大なる天の使命を果すべく、一層伸び一層浄められ一層整へられるためには、今後とも国民は犠牲の艱苦を忍ぶべき時期が永く続くと見なければならぬ。悠久なる課程に於て今回の事変の如き小部分であり序幕であるかも知れぬ。国家も国民も将来のために鋼鉄の如き強い精神を以て進み、東亜の平和はいふまでもなく、遠く世界の平和と全人類の幸福のために、眞に貢献するものとならなければならぬ。願くば愛する祖国日本と其将来に大なる祝福あれ。我らは戦線に在る皇軍将士の起臥を思ふて行涙禁ぜず、天の加護を祈ると共に立場は異なり職務は別であつても、君国の為には満腔の誠意と熱情を以て自らの奉ずるの心を一層深うせしめられるのである。祖先の地、海の彼方なる美はしの国土よ、願くば敬愛し奉る　皇室の上に、全同胞の上に神の恵み豊かにして、政治に携はる者、軍務の枢機に在る者の上に、指導的地位にある者、国民感化の源流に立つ者の上に、天の指導常に顕著ならんことを。

この年の『霊光』七五号（昭和一二年一二月号）に掲載された日曜学校クリスマスの脚本『対話劇

軍国クリスマス』という脚本がある。無署名であるが、後でも述べる考証の結果、白井慶吉牧師その人の執筆になるものと推定される。それは、日曜学校の生徒たちのために、分かりやすくクリスマスの意義と戦争との関連を説明することを目的として執筆されている。第一幕第一場でサタンの軍勢が敗走する様を描き、第二場で天使たちの讃美と喜びが歌われる。第二幕は、現在の日本が舞台で、天使たちが口々に日本軍の勝利を褒め歌う。

女天使六「然し我らの祝福する大和島根の国は、人賢く心清く、上に一天万乗の君ゐまし文武の徳を以て政を治め給ひ、下は臣君忠良の限りを盡して心一すじ国を守る。他国の侮りを受ける事なく、国運日の昇る如く栄えて、東洋の鎮めとなり、殊に神の聖子人の世に生れ給ふて、み教へ此国に弘まれば心の世界に於ても国々の指導者となりませう。とりわけ恵まれし国。」

女天使一「気候温和風光明媚の国。」
女天使二「日の丸を国旗にしてふさわしい国。」
女天使三「戦へば勝ち向う所敵なき国。」
女天使四「皇運連綿の国。」
女天使五「歴史にたぐひなき国。」
女天使六「此国を祝ふて歌をうたひ躍りませう。」
一　同『歌をうたひ躍りませう。』

第三幕（日曜聖書学校の教室である。教師の椅子、生徒の腰掛けを配置し、地図及び黒板をしつらへる。）

教　師『今日の分課授業は「基督教と戦争」といふ非常に大切な問題を研究することになつて居ります（ここで教師黒板に「基督教と戦争」と書く）。非常時の今日、支那事変の真只中にあつて、此問題は特に深い意味があります。今日この短い時間で全部を研究するわけにはまゐりませんが、なるべく課業を進ませることにしませう。』

教　師『A君、聖書によつて戦争を肯定する説を立ててみたまへ。』

生徒A『聖書に驕り高ぶつた天の使たちが、戦ひにまけて悪魔になつた事の想像される記事がありす。この記事は盲目詩人ミルトンの大傑作「失楽園」の重要な拠り所であると思ひます。』

教　師『次はB君』

生徒B『旧約聖書は戦争の記事が非常に多いのです。萬軍の神エホバはイスラエル人にとつては一面に於て軍（いくさ）の神でありました。神が力を与へ戦ひを導いて勝利を得させ給ふたことが沢山書かれてゐます。』

教　師『C君、今度は新約聖書の方で説をたててみたまへ。』

生徒C『イエス・キリストは「我は平和を出さんために来らず、刃を出さんために来れり」と仰せられました。また弟子たちに向ひ「なんぢら着物を売り払つて剣を買へ」と仰せられたこともありました。これはみんな或場合には戦争の必要なることを教へてゐると思はれます。』

教　師『D君はどうです。』

生徒D『僕は格別いふ事がありません。』

教　師『いふ事がないとは何ですか。我らは此非常時に際し、国民精神総動員の高調される時に「基督教と戦争」といふ大問題に対し、いふ事がないとは何事です。何のために平素日曜聖書学校に学んでゐるのですか。』

生徒D『先生、さういふ意味にとられては困ります。僕は他の諸君が先生の質問に対し皆立派な答をされたので、これ以上いふ必要がなからう、僕などが言ってみても、つまりあらずもがなの蛇足を添へるに過ぎないと思つたからであります。しかし何でもいいから言へと仰れば言います。』

教　師『よくわかつた。それでは何でもいいから言つてみなさい。』

生徒D『僕は戦争がないですめばそれに越した事はありませんが、今の世界の有様では戦争は已むを得ないと思ひます。世間には戦争を否定する空想論者もあるさうですが、然し此不完全な社会に於ては、そのあこがれる平和を来たらすために戦争をしなければならぬ事もあります。戦争が目的でない。平和を来たらすために戦ふのです。』

まことに率直に戦争の意義を、日曜学校の生徒たちに教えようとする意図がそこに伺える点で注目される。このように『霊光』誌に掲載された白井慶吉牧師の文章を、時代順に追っていくと、およそ次のような経過を辿っているといえるだろう。

『霊光』創刊号（一九三一年九月号）～四七号（一九三五年八月号）

時局や戦局についての言及は皆無で、頑なに政治的な発言を避けていると見られる。その一方で語られるのは、正統主義的な福音理解と穏当な聖書解釈に基づいたキリスト教教理による勧めが中心である。その中で引用される例話の多くは、白井牧師の専門とするキリスト教史、教理史を中心とした該博な知識であり、特に英米独の神学書からの引用が多い。

この時期の白井牧師について、娘の正子が次のような思い出を書き残している。「満州事変が始まって、中学校でも兵士の送迎や大連神社参拝などが行われるようになりました。父は『参拝するな』と言い、私を出しませんでした。一、二度は休みましたが、友だちの手前どうも具合が悪く、のけ者になりそうで、父に行かせてほしいと頼みました。父はなかなか承知しませんでしたが、やっと『参拝ではなくて、ただ祖先に敬意を表わすだけだよ』と念を押して許してくれました。今あのときの父の胸中を思い、戦争が拡大して教会に憲兵が入り込むようにまでなった時の父の必死の苦労がどんなであったかを思わずにはいられません。」（永松正子『西広場教会の思い出』）

四八号（一九三五年九月号）～七〇号（一九三七年七月号）

祖国愛と皇室への尊崇の強調が始まる。さらに紀元節礼拝、明治節礼拝など、国家行事に合わせた礼拝が行われるようになる。この論調の変化の背景には、一九三五年八月、政府が「国体明徴に関する声明」を発表したことがある。そして「時流に」乗っているのではという批判があることを念頭に、それが「平素の持論である」ことを強調している。しかしこの時点ではまだ政治や時局について直接的な言及は飽くまで避けているように見える。

七一号（一九三七年八月号）～一〇六号（一九四〇年七月号）

一九三七年七月七日、盧溝橋において日中両軍の衝突が起こり日中戦争が始まったのと期を一つにして、巻頭言「時局に際して」（七一号）が書かれ、皇軍への感謝が謳われる。そして皇軍への慰問金を教会として初めて送付している。また七五号（一九三七年一二月号）に掲載された日曜学校のクリスマス対話劇「軍国クリマス」において、子どもたちの口を通して「聖書によって戦争を肯定する」意見を述べさせていることが注目される。

一〇七号（一九四〇年八月号）～一二三号（一九四一年一二月号）

この時点から再三繰り返されるのは「宗教は国境を越えるが、宗教を信ずる者には国境がある」（パスツールの「学問に国境はない、しかし学者には祖国がある」を言い換えたもの）というレトリックである。つまりキリスト教が平和の宗教であることを認めながら、しかし信仰者には国籍があり、日本人として責務があるという論理である。また「また剣なき者は衣を売りて剣を買へ」（ルカ福音書二二・三六）という聖句が、繰り返し引用されるようになる。その点で注目されるのは一二三号（一九四一年一二月号）の「主客問答」（基督教と戦争をめぐる問答　越山生）で、ここでは分かりやすい問答形式を用いて、キリスト教と戦争が矛盾するものではないことを強調している。

一二四号（一九四二年一月号）〜一五九号（一九四五年六月号）

一九四一年一二月の日米開戦以降、皇国日本と一体化し戦争遂行の主張が一層色濃く繰り返されることになる。特に、一九四一年一二月のクリスマス礼拝や幼稚園、日曜学校のクリスマス礼拝の冒頭で、「国旗掲揚」「君が代斉唱」「宮城遙拝」「戦没英霊並びに皇軍将士のために黙祷」が行われ、席上献金も「国防献金」「皇軍慰問献金」に献げられていることが注目される。この後は一瀉千里に、時局迎合と聖戦完遂への協力の呼びかけが繰り返されることになる。また戦局の推移に伴って、一九四三年九月の枢軸国イタリアの降伏とムッソリーニの失脚について取り上げ、「此戦争はどうしても敗けられない。どこ迄も勝たねばならぬ。断じて勝つ、何としても勝つ」と悲鳴のように呼号している。それは、敗戦が間近に迫ってくる時期になっても繰り返されている。

しかしその一方で、一五九号（最終号　一九四五年六月号）には、巻頭言「決戦訓」に続いて、「聖アウグスティヌス　彼の生涯と近代基督教に於ける彼の地位」という長大な神学論考を掲載している。これは、アウグスティヌスの生涯を詳細に紹介した上で、その神学が宗教改革やその後の福音主義教会に与えた影響を論じ、カトリック教会のアウグスティヌス理解への疑問や問題までにも言及した重厚な論考で、この号の冒頭の「巻頭言」で、阿南陸将の「決戦訓」を引用した文章とは全く語調が異なっている。その両者が矛盾なく両立しているところに問題の深刻さがあるのではないか。

白井慶吉牧師の戦後

一九四五年八月の日本の敗戦以降、大連は中国軍、さらにソ連軍が進駐して大混乱に陥る。西広場教会の建物は接収され、教会員たちは、白井牧師宅で家庭礼拝を守りつつ、お互い助け合い、順次帰国の途につくことになる。一九四七年三月、白井牧師と妻シナは引揚船で帰国し、娘婿の永松克己が主事を務める東京大学ＹＭＣＡ寮に仮住まいをする。その傍ら、次々に引き揚げて来た旧・西広場教会の教会員たちと連絡を取り、五月に東京ＹＭＣＡ講堂で礼拝を始め、ここに日本基督教団千代田教会が生れることになる。一九五一年、京都大学の学生であった長男信雄が肺結核のため死去し、悲しみの中でも四谷坂町の現在地に千代田教会の会堂を献堂するに至る。引揚者の多くは、戦後日本の社会に馴染めず、全国から千代田教会に集まり、引揚者としてのお互いの労苦と嘆きを分かち合うことになる。

この白井慶吉牧師が、一九五八年、七一歳にして日本基督教団の総会議長に選任される。戦後の日本基督教団において旧日本基督教会の陣営は、日本改革派教会、そして日本基督教会の離脱によって分裂の打撃を受け、戦時下の教団の統理であった富田満以降、村田四郎と柏井光蔵が教団副議長を担ってはいるが、旧日本基督教会、旧組合教会、旧メソヂスト教会の襷掛け人事の中で、小崎道雄（組合教会出身）、武藤健（メソヂスト教会出身）が教団議長を担った後、白井慶吉牧師にお鉢が回ってきたのである。白井牧師が、戦時下において外地にある大連教会の牧師であったため、教団の戦時指導に関わることがなかったことがその選任の理由の一つとされた。こうして、一九五八年から一九六一年まで、二期四年に渡って教団議長の重責を担った白井牧師は、しかし戦後の時代において、どのような説教を語ったのだろうか。あるいは、戦時下の西広場教会での自らの行動や発言、あるいは『霊光』誌上に執筆した自らの言説をどのように振り返ったのであろうか。

残されている説教やその他の文章を見る限り、少年時代などの懐旧談の類はあるものの、直接に戦時下の自らの言動に触れることは一切ない。したがって、白井慶吉の戦後の内面史を伺う資料はないということになる。

ただここに、一九七〇年一一月から一九七二年七月まで『復刊霊光』（復刊一号〜一八号　発行人・白井慶吉、発行所・越山書屋）なる白井慶吉の個人誌が存在する。これは、教団議長退任後も教団政治やキリスト教界内外の事情に旺盛な関心を持ち続けていた白井慶吉が、特に一九七〇年以降の「教団紛争」に一種の危機感を覚えて独力で刊行したものである。白井牧師の求めに応じて、この『復刊霊光』に繰り返し寄稿しているのは、主に旧・日本基督教会系の人々で、たとえば桑田秀延、武藤富男、山本和、高倉徹、熊野清子、宮内彰、田上穣治、湯川文人、高崎毅、稲垣徳子、本田清一、佐藤敏夫といった人々である。白井自身は、ロマ書の講解を連載し、また自らのキリスト教界の展望を論じ、「雪山樵夫」の筆名で「ゆき着くところを知らずに」というコラムを連載している。その内容は、「ノンヒクション《ママ》」と銘打ち、自らの少年時代の思い出から、親族周辺のキリスト者群像の紹介へと及んでいるが、大連時代のことについては全く触れていない（本井康博編『回想の加藤勝弥　クリスチャン民権家の肖像』キリスト新聞社、一九八一年に一部収録）。

ただしかし『復刊霊光』第二号（一九七〇年一二月号）に『対話劇　聖誕節　越山散史作』という三幕からなるクリスマス劇の脚本が掲載されている。その内容は、先に紹介した『霊光』七五号（昭和一二年一二月号）に掲載された「対話劇　軍国クリスマス」を換骨奪胎したものとなっている。その内容は以下のようなものである。

第一幕　二人の天使が登場し、イエス・キリストの誕生について語り合う。

第二幕　ローマの哲学者、ギリシアの芸術家、ユダヤ教のラビが登場、ローマの平和から最近ユダヤの寒村に生れた救い主について語り合う。

第三幕　バック━雪つもる村落の夜景。舞台はその村落の小会堂の礼拝所、会衆席に向い聖壇がしつらわれている。楽の音に導かれて聖歌隊の人たちが舞台に現われ、そのひとりが天使の装をして、ルカによる福音書の聖誕告知のみ言葉を暗誦し、聖歌隊の合唱がある。入れ替わってガオン《ママ》姿の中年牧師が聖壇に立つ。

『今夜はプログラムがたてこんでいますので、わたしは簡単にお話ししましょう。天使の聖誕告知には地上の平和が約束されているのです。聖誕告知以来二千年近い年月が流れており、世界を通じて見ればその間も戦争の絶えまがないと言ってもよいのです。果たして聖書の約束する永遠の平和の実現するときがあるのでしょうか。あります。世界における永遠の平和が実現して、国と国との戦争がなくなる時期は必ずあります。

第一に考えられることは、人間世界は神支配したもうところであり、神は平和を追い求めたもうからであります。

わが日本の歴史をみると、一見戦争の歴史のような感じがしますが、眼光紙背に徹すれば戦争はだんだん少なくなり、戦国時代の後、織田、豊臣を経て徳川三百年の平和が見られたではありませんか。明治もはや百年になりますが、維新の時のごたごたと西南戦争があったきりです。大体において平和が持続されています。明治になって大きな戦争は外国とのものだけです。太平洋戦争は惨憺たる結果に終わりましたが、大局的にはわが国は今後戦争が絶えて無くなる時代を理想として進むことが期待できます。日本の戦争の歴史は世界各国の戦争の歴史の縮図でもあります。細かい所はいろいろちがいますが、戦争がだんだん少なくなっているという大局の趨勢は、符節を合わせたように一致しています。

第二に人知進めば戦うことの愚かしさを熟知し、戦うことを避けるようになります。どこの家庭でも子供はよく喧嘩します。然し大きくなって子供の時代をふりかえってみると、何でもないことにあんなにむきになった幼稚さに吹き出さずにはおられないでしょう。大所高所に立てば戦争も子供の争いのようなものです。人類の水準がちょっと高まれば、戦争などせずに、適当に話をつけるようになりましょう。戦争そのものを忌避するばかりでなく、戦争の原因になりそうな問題を賢明に処理するのです。昔は国土が広すぎて政治に困った時代もありましたが、今は国土が広ければ広いほどその国の力が大きくなるのです。私は英国の歴史を読むとき、よく英本国をカナダに移すことに努力する大政治家が出なかったことを残念に思うのです。しかしそれも国家主義が強く物言う時代のことなのです。人知が開けますと大きな世界観が持たれるようになります。

第三に申し上げたいことは今日世界において平和のため最も崇高有意義な二つの運動があります。ともに人類の現在および将来のために甚だ重要な運動ですが、どうも反響が思うにまかせません。一つはキリスト教の伝道であり、もう一つは世界連邦主義の運動であります。キリスト教の伝道については今夜とくに申し上げませんが、ただ一つ皆様に御記憶いただきたいことは、今日世界の大きな勢力を持っている共産主義についてであります。共産主義にもいろいろありますが、キリスト教にとり最強最悪な敵は宗教を否定するマルクスやレニンらの共産主義であります。将来かけてキリスト教はこれと大きな深刻な戦いを必要としているのです。

もう一つの世界連邦主義の運動は、国家の主権を否定し、すべての国家の上に連邦政府を持つことを目的としています。ご承知の方も多いと存じますが、世界第一次戦争が終わるころ考え始められ、第二次世界大戦中に運動の形をとるようになりました。現在アムステルダムに本部をもつ世界連邦主義者世界協会と、ロンドンに本部をもつ世界政府のための国会議員協議会が比較的有力な組織であります。しかしこの運動の高遠な理想に共鳴する者は、大局的にはその数まだ甚だ少なく、理想達成は容易ではありません。しかし真理はついには勝利します。わたしたちはその日を待ち望んで力強く運動の進められることを希うています。

主イエス世にあらわれまして早千九百七十年になります。ずいぶん永いようですが人類出現の歴史にくらべると短日月に過ぎないのです。原子力の発見は世界平和に危機をもたらしたようにも見えますが、わたしは永久の平和実現のために有力なきっかけになっていると思います。天使の聖誕告知にあるごとく、地上に真実の平和来り、人類同胞の実があがるときは必ず見られます。結局は時間の問題であります。祈りましょう。』

牧師手をあげ、祈るために目を閉じ頭をたれるところで、幕。

このクリスマス劇は、その内容や構成から見て『霊光』七五号（一九三七年一二月号）に掲載された「対話劇　軍国クリスマス」を念頭に、それを新たな構想の下に書き直したものと言える。白井慶吉牧師が、戦時下に自らが執筆した時局的発言を強く意識しながら、戦後の時代において、それにどのように向き合っているかを伺わせる唯一の資料と言えるだろう。しかしそこには、自分の戦時下の言説に対する直接的な自己批判や反省は見られない。三幕目でガウンを着た牧師が現代の平和の必然性について語るが、それを昭和一二年段階での自らの時代認識と突き合わせることはなされていない。そこでは共産主義への危機感と、世界連邦運動への期待が述べられるだけである。そこに、戦後の白井慶吉牧師の位置と限界がはしなくも現れていると言うべきであろうか。

因みに、この『復刊霊光』誌において、教団紛争の要因の一つとされた日本基督教団の一九六七年「戦争責任告白」についての言及は一切ない。それは奇妙に思える。ただ、「戦争責任告白」が公表された際、教団内の様々な人士から反撥や批判が公表されているが、白井慶吉の名前をそこに見出すことはできない。一九六七年五月に、湯川文人を発起人として発表された「教団の現状を憂い鈴木議長に要望する書」には、小崎道雄、武藤健など当時まだ存命の歴代議長経験者が名を連ねているにもかかわらず、そこに白井慶吉の名前だけは欠けているのである。そこに戦後の白井慶吉牧師のせめてもの姿勢を読み取ることが出来ると言えるのだろうか。

以上紹介してきたように、残されている白井慶吉牧師の戦後に語られた説教や論稿を見る限り、そこに戦時下の大連時代の自らの言説についての言及はただの一度も見られない。ということは、弁明も弁解も全くないということである。そのあまりの言及のなさに、かえって白井慶吉牧師の戦後の内面を想像することが出来るのではないか。彼は忘れていないのである。大連西広場時代の日々を、そして戦時下の自分の言説を決して忘却しているのではない。『復刊霊光』という誌名にそれは現れている。しかし他方で、いかなる弁明も自己弁護もしない。そしてその白井慶吉牧師の毎週の礼拝説教を聴く教会員たちがいた。彼ら彼女らの多くは、大連西広場教会で教会生活をし、白井慶吉牧師から薫陶を受けて受洗した人々である。彼ら彼女らもまた、戦時下の白井牧師の説教を忘れたわけでは決してなかった。しかしその矛盾を戦後の白井牧師に突き付けて検証することはしなかった。彼ら彼女らは、白井牧師と共に戦後の教会生活を黙々と続けてきたのである。そしてそこに、日本の教会の戦後の姿があった。彼ら彼女らの内面は、しかし遂に明かされないままに。

参考文献

柴田博陽『大連慈恵病院沿革史』一九二五年、大連慈恵病院
柴田博陽『大連日本基督教會沿革史　建設二十年記念』一九二七年、大連日本基督教會
中沢正七編『日本の使徒トマス・ウィン傳』一九六七年、新教出版社
中村繁次編『三吉務牧師の面影』一九七六年、旧西広場の会
西広場の会編『にしひろば』（№2～34最終号）一九七八年～二〇〇九年
白井慶吉『白井慶吉説教及論考集』一九八三年、白井慶吉説教及論考集刊行委員会
西広場教会の思い出出版委員会編『西広場教会の思い出』一九九一年、大連西広場の会
本井康博編『回想の加藤勝弥』（地方の宣教叢書①）一九八一年、キリスト新聞社
韓晳曦『日本の満州支配と満州伝道会』一九九九年、日本基督教団出版局
川俣茂「一九三〇年代の大連日本基督教会の伝道に関する一考察　大連日本基督教会月報『霊光』を基として」（東京神学大学二〇〇二年度修士論文）二〇〇二年
大連西広場の会編『大連西広場の会会員名簿』二〇〇五年

戦時下を生きた牧師　廣野捨二郎

矢吹大吾

はじめに

廣野捨二郎

廣野捨二郎は、日本福音教会の牧師として、本所福音教会（後の日本基督教団本所緑星教会）における伝道に従事した。一方で、その働きは教会だけにとどまらず、日本福音教会において、財務書記、財務局長、社団理事長、福音教会維持社団理事長（教団成立後は落合福音会維持社団理事長）、福音教会東京地区部長、孤児収容社会事業「愛泉寮」理事長、東京聖経女学院教授（婦人伝道師養成機関）など、福音教会の中において中心的な働きを担った。また、日本基督教会や、日本メソヂスト教会、日本組合基督教会など、大教派がひしめく中、日本基督教団の合同準備委員会委員や第三部理事、常任常議員会書記など、主要な働きを果たした。

1　廣野捨二郎に関する先行研究・資料

廣野捨次郎について、これまでいくつかの書物が著されてきたが、伝記や追想集が主であり、研究対象として論考の対象となったものは見当たらない。その理由として、廣野が書き残したものが東京大空襲で焼失したことが挙げられよう。本稿で用いた資料は以下の通りである。

『魂を追う人』一九五三年四月に刊行された。廣野から影響を受けた人々が、戦後、伝記刊行を計画した。また、伝道に資するものとなることを願って刊行されることになる。教会員が委員を務め、資料は廣野の東大在学時代の友人、教会員、福音教会時代の教職、教団合同後に関わりをもつようになった教職・信徒の手記、座談会の記録である。これらの資料をもとに、加藤恭亮氏が執筆した。

『おもいでのよすがに』一九八一年一〇月、東京大空襲（一九四五年三月一〇日）から三五年目を迎えた年に刊行された。『魂を追う人』執筆の資料として、廣野の関係者たちから寄せられた資料から成る。また、廣野が家族に宛てた手紙と葉書が収められている。

本研究会では、研究対象の内面へのアプローチが求められている。廣野捨二郎の内面に迫ることを試みる際、資料となるものは、彼が残した日記や、説教が考えられるが、一九四五年三月一〇日の大空襲によってほとんどが焼失してしまった。妻である廣野馨のもとにあった資料は、『おもいでのよすがに』に収められている。

『わが教会　九五年のあゆみ』　一九八七年一月に刊行された。日本基督教団本所緑星教会の教会史である。当時の牧師である森山忞が教会の歴史について執筆し、教会員たちの随想が収められている。この中で森山牧師は『おもいでのよすがに』に基づいて、廣野牧師在任中の教会の様子について記している。

『福音之使』　日本福音教会の機関紙。廣野の説教や講演会記録、追悼文等が掲載されている。

2　廣野捨二郎の生涯

『日本キリスト教歴史大事典』によれば、廣野の生涯は以下の通りである。

ひろのすてじろう　広野捨二郎一八九八―一九四五・三・一〇

日本福音教会牧師。京都に生れる。東京大学法学部に入学。一九二〇（大正九）年一〇月、小石川福音教会で乃木源次郎から受洗。二四年卒業して東京市役所に就職したが、献身して二六年本所福音教会に赴任。三八（昭和一三）年アメリカにおける福音教会総会、インドにおけるマドラス世界大会に出席。四一年日本福音教会社団理事に就任。日本基督教団成立に当って、法律関係教務に従事した。東京大空襲に際して教会を守り殉難。

また『わが教会　九五年の歩み』（三一―三二頁）には次のようにある。

広野捨二郎牧師略歴

一八九八（明三一）　二月九日京都府興謝郡石川村、広野達蔵二男として生る
一九〇四（明四四）　石川村小学校入学（現宮津中学）
一九一二（明四五・大元）　母の実家（本家）広野定助の養子となる
一九一七（大　六）　第一高等学校第一部甲類に入学
一九二〇（大　九）　東京帝国大学英法学部入学、ローラ・モーク先生のバイブルクラス出席聖書を学ぶ
一九二〇（大　九）　洗礼を受けクリスチャンとなる
一九二三（大一二）　一、東京帝国大学卒業、二、東京市役所に就職
一九二四（大一三）　神の召命を感じ、市役所を辞任
一九二六（大一五・昭元）　一、優秀なる成績にて牧師試験に合格、二、本所福音教会に赴任
一九二八（昭　三）　栗野馨と結婚
一九二九（昭　四）　教会堂及牧師館建設
一九三八（昭一三）　米国及印度の大会に日本代表として出席、世界一周旅行をなす
一九四一（昭一六）　日本福音教会社団法人の理事長となる。日本キリスト教団書記となり教団発足当初の法律的事務に尽力す。

一九四五（昭二〇）三月一〇日東京大空襲に於て、教会を守りつつ、長男真実と共に召天

廣野については、実弟の廣野益次郎が「広野捨二郎小伝」として『おもいでのよすがに』に寄せている。それによれば、廣野は、京都府与謝郡石川村広野達蔵の二男（姉二人男三人）に生れた。後に廣野は本家に養子として迎えられることになる。廣野家は土地の旧家であり、父廣野達蔵は村長や多くの名誉職をもっていた。廣野は学業に優れ、第四中学（京都府立宮津高校）に入学すると常に首席を争っていたという。廣野益次郎は、「今から思いますと中学五年位の時から宗教的の何かを求めて居た様です」と述べている。

一九二〇年、廣野は東京帝国大学法学部へ進学する。ここで彼は、キリスト教に接し、受洗へと至る。

『おもいでのよすがに　追記』に収められている、「廣野牧師の回心」（モーク）によってそのことを知ることができる。一九二〇年六月一五日、友人である小西芳之助に連れられてローラ・モーク宣教師と出会う。このときの廣野の様子をモークは「彼はいかにも不仕合せそうな暗い表情をしていました」と記している。モークは、この後、廣野に対して祈祷会への参加を促し、廣野は毎週出席するようになる。モークは、あるとき廣野から手紙を受け取る。そこには、自分が「如何に惨めであり、不幸であるかということ、聖書を読めば読む程ますます自分のあまりにも罪深さに絶望的になること、そして、神様はお赦しにならないであろう」等々書かれてあった。モークは廣野に対し、「キリストを信じ、キリストを救い主として受け入れさえするならば、神様は罪を全部赦し

てくださるのであり、そうしようとして熱心に待って居られるのだ」と返事を書き送る。この後、廣野はモークの下で聖書研究に励み、小石川福音教会（現小石川白山教会）で洗礼へと至ることになった。

廣野は学業を終えた後、東京市に就職するが、暫くして辞し、伝道者を志す。そして、独学で学び、本所福音教会に派遣された。

廣野の伝道・牧会について、多くの信徒が手記を寄せる中で記しているが、その中でも「よく訪問する牧師であること」が挙げられている。元教会員である相沢健一は次のように記している。「聖日の礼拝に一、二回出席しないと必ず家庭訪問をして下さった」（『おもいでのよすがに』）。

他方、ホーリネス教会（本所堅川教会）が解散に追い込まれた際は、牧師・信徒の多くを受け入れた。そのときのことを『わが教会　九五年のあゆみ』で次のように記してある。

本所堅川教会（大村貫一牧師）は、堅川二丁目に在り、会員八〇名、礼拝出席約六〇名の教会であった。堅川教会は四四年二月に解散総会を開き、型通り解散が決議される。その席上、森長老はまだ若い役員であったが、役員会を代表して、全会員に以下のように、挨拶をする。「われわれキリスト者が、神の前に健全な信仰生活をして行くには、教会を離れてはならない。キリストの体なる教会に属して、そのひとつの肢としての奉仕をなしつつ、信仰に励むことが大切である。よってぜひとも私共と行動を共にしていただきたい。すでに本所緑星教会に了解を得ている……」

（中略）廣野牧師は、これらの人々の入会を喜び、「ホーリネスのグループはすばらしい。祈りの友であり、慰め手です」、篠原牧師に語ったと言う。会計であった坂田時蔵兄は、ホーリネスの人々が入会してから、献金が倍加したと述べている。

官憲により解散を命じられた教会からのこれだけの人々（二一名）の入会であったから、特高警察の注目の的となったのは当然、礼拝にはそれらしい人が居た。しかし、廣野牧師と役員会は、このことについては非常に心づかいをした。

「……政府から解散を命じられ、当時特高警察の監視下にある信徒を喜んで受入れてくれる教会は少なかったようである。この時、本所緑星教会は、廣野牧師の決断と役員会の理解ある賛成を得て、この本所堅川教会の信徒受入れる事を決定した。今この平和な時代に於いては何でもない事であろうが、当時としては、主に対する信仰と主にある兄弟としての愛がなくては、この決断は出来なかったのではないかと、深く敬意を表するものである」（森長老）。

当時、このような対応を見せる教会関係者は皆無であり、廣野をはじめ、本所福音教会の対応は例外的だったと言える。

3　廣野捨二郎の時局理解――『福音之使』と家族への手紙より

さて、廣野は、戦争や天皇制についてどのように考えていたのだろうか。『おもいでのよすがに』

には、廣野に接した信徒たちの回想が次のようにある。

ある祈祷会の夜でした。戦争中でしたが、暗幕に蔽われた電灯の下で敵愾心に燃えて居る私に、「戦争はいけませんよ」と寂しそうに云った横顔は生涯忘れる事の出来ないものとなりました。（中村時雄）

先師の祈を聞いている間にも先師も変わったなあと思う点があった。それは祈の中に天皇に対するものがあった。その為政にあやまちがないようにと神への取りな《（ママ）》しであった。かつて、私の中学生時代、皇室観について先師に聞いた事があった。その時の答はこうである。「天皇だって人間である。教会に来て悔改めるべきである」というのである。（吉川時哉）

＊一九四五年一月のこと

この他、廣野が時代状況について書いたもので、現存するものとしては福音教会が発行した『福音之使』紙上のものがある。その中から一九三五年一月一〇日・第七九七号には次のような一文がある。

皇紀二千六百年を迎へて

皇紀二千六百年愈々待望の年は来た。神武天皇此の東海の孤島の國の礎を定め給ふてより、既に二千六百年。光輝ある歴史であり、不思議な國家である。過去を思ふて我等自ら□□（判読不能）と感激とを覚える。

我等恩寵を蒙り、幸に地にあつて地のものならず霊的には、國籍を天に持つものとせられた。移り行く罪の世にあつて永遠の神の世嗣とせられたのである。最早や地上の如何なる事も、この信仰を根底より覆す事はできない。

我等は神の恩寵に生きる。心してその實を現し、立證の誠を致したい。これ我等が基督者として此の輝ける年を記念する唯一の道であらう。我等土の器と雖も尚貴い寶をこれに盛られたのである。然らば此年は更に勝れる信仰と立證の年でありたい。（以下略）

一見すると、時局に迎合するような記述であるが、「最早や地上の如何なる事も、この信仰を根底より覆す事はできない」とあるように、神の主権を、この世の主権の上位に置いて捉えていることが窺える。

一九四四年八月、廣野の家族は、戦局の悪化に伴って、廣野本人、長男・真実を除いて妻・馨と子ども三人が京都にある廣野の実家に疎開することになった。『おもいでのよすがに』の中には、その時、廣野が疎開先の家族に宛てて出した手紙が収められている。家族の様子を気遣い、自身の近況、牧会活動を報告している。また、戦時下の東京の暮らしを垣間見ることができると言えよう。空襲の被害状況や、教会員の安否、また日常生活のこまごまとしたことを伝えている。

一九四四年九月二日（はがき）　抜粋
（略）東京も昨今幾分平穏です。警報も一度も其後出ません。然し、其内大がかりな空襲があるのではないかと思はれます。（略）

一九四四年十月九日（はがき）　抜粋
（略）篠原和太郎君外三名。昨年十二月二七日に戦死の発表がありました。同情にたえません。（略）

一九四四年十一月十一日（封書）　抜粋
（略）一度郷里へも帰りたいと思うておりますが、御存知の様な事情で空襲がいつあるか分らず出にくゝなりました。先日は高射砲をしきりにうち、隣の小川さんの物干にも三寸に一寸五分位の大きさの破片が落ちた。此の付近に相当落ちた様です。被害は無い様で幸でした。（略）

一九四四年十一月二十二日（はがき）　抜粋
（略）京都にて都合よく急行に乗車、途中警報にあいましたが事無く昨夜十時半帰宅。真実も元気で防空につとめた様子です。江東方面は何等の被害もありません。これからは度々来襲をうける事でしょう。（略）

一九四四年十二月二日（はがき）　抜粋

（略）三度の空襲にも幸い小生等は何らの異状ありません。被害の事は新聞で発表の程度以外は書いてはいけない事になっておりますから詳しくは致しません。我々の防空濠も修理して大分丈夫になりました。畳四枚出しては入れ、入れては出し、雨は降るし暗いし相当の苦心を致しました。今後幾度もあるでしょう。隣組でも石井さん、佐藤さん、川上さん、桜井さん、山口さん、等何れも近く婦人、子供疎開する事になりました。全く男ばかり残ります。配給物の事が心配になります。男が当番でやるより外無いでしょう。（略）

一九四四年十二月四日（はがき）　抜粋

（略）昨日午後二時間半にわたり空襲あり。B二九がよく見えた。被害当方何等なし。京浜地区がやられたと発表されております。被害僅少ならん事を祈っております。（略）決戦下に応しい心構えで万事に御配意あらん事を祈ります。（略）

一九四四年十二月十二日（はがき）　抜粋

（略）東京も毎回二回位一、二機の空襲があり。全くの神経戦にて、寒空に全く閉口してゐる。被害は極めて僅少の様です。（略）日曜日にも度々警報が出るので集会が出来にくゝなった。（略）今日は教団の常任常議員会で一日会議である。信仰問答が決定されよう。（略）

一九四四年十二月十八日（封書） 抜粋

（略）東京も愈々戦場となり小生も日中留守をして出かけにくくなり、一々伊藤さんに鍵を預けて出ることにしてゐる。いつ空襲来るか分らず、留守家から家事を出してはいかぬから。教会の働き益々困難になって来た。集りにくくなり、又訪問もしにくゝなって来たから。然し最善をつくし度い。小生益々元気。喜びと感謝にあふれてゐる。毎朝五時半一人で礼拝してゐる。（略）書物の疎開の事も考えてゐるがどうにも用が多くて手がつけられない。（略）衣類ももっと疎開せねばなるまい。火事にあえば送ってもらう事さえ今は困難だから、重要書類其他何処かへ疎開したいと思うてゐる。教会の帳簿其他は幕張の入江さんに預けた。（略）

一九四四年十二月三十日 抜粋

（略）今朝にかけて三回の空襲がありました。又相当焼けた様です。幸此の附近ではありません。浅草区の方面の様です。いづれ此の方面も被害を蒙る日が来るでしょう。書物だけ何とか疎開し度いと願うておりますがいそがしいので未だ何もしてゐない。此年もくれになった。落付かぬ歳末年始です。一般の疎開も進行しておりますが、余り空家が多くなるので、今では疎開を押えておる様です。荷物はどんどん動いております。（略）教会の集りも少数になった。やむを得ぬ事情もある。（略）

一九四五年一月二日（はがき）　抜粋
（略）当方毎夜三回位の空襲あり。焼夷弾を落して行く。だんだん此処の近くに落ちて来るのでいつ焼かれるか分からん。（略）

一九四五年一月七日（封書）　抜粋
今朝の第一聖日礼拝に与えられた聖句は次の聖句です。マタイ一六・二四「人もし、我に従い来らんと思はゞ己をすて　己が十字架を負いて我に従へ」これに基づいて説教致しました。出席は十八名にすぎぬが感謝でした。（略）空襲は毎日二、三回ある。幸い此の附近には未だ一つも落ちぬ。然しいつ落ちるかわからん。いろいろ、荷物の疎開もせねばならぬと準備中です。（略）

一九四五年一月二十日（封書）　抜粋
（略）東京は此処数日少し静かになって安眠が出来感謝です。（略）僕等の防空壕も小生が時間の合間合間にぼつぼつやって内側に板をはり、上にも木や板を渡して土を盛って約七分通り出来ました。之で一々畳を持ち出さずともすむ様になりましょう。（略）

一九四五年一月二九日（封書）　抜粋
（略）昨日午後七十機侵入、雲上より盲爆した。市内至る所爆弾投下被害も相当ある。愛泉寮にも落下奥の新館の分二階建延百坪全壊した。附近にも数個落下した。幸い子供は疎開させた後にて鈴木姉始め残留孤児五名全員何の負傷もなかった。主の恵み限りなし。感謝にたえぬ。跡始末に努めてゐる。本所方面には余り投下しなかった様だ。昨夜も三回来襲した。（略）教会の集会は益々困難になって来た。出来るだけ訪問をつとめたいが思う様に出かけられぬ。留守も無し、建物の責任もあり、多方面の責任も果たさねばならぬから。（略）

一九四五年二月五日（封書）抜粋

（略）此処少し東京の空襲は静かになった。唯一月二六日に愛泉寮が被爆し、同夜の空襲で三矢姉焼出された。布団は持出した相だが、あとは皆焼いたとの事。教会でも何か持ち寄って贈り度いと思うております。（略）

一九四五年二月二十日（はがき）抜粋

（略）翌朝立って、途中空襲にあい、夜の十二時頃暗闇を帰宅した。当日は最初の艦載機千機来た日とて不気味な夜であった。其後空襲頻繁にある。高橋姉の附近にも爆弾が落ち死傷者もあった。

一九四五年二月二十日（封書）抜粋

（略）空しゅうは毎日あります。このあいだ大阪からかえるときは途中度々けい報が出て汽車がたいへんおくれて夜の十二時ごろかえりました。でもかえれてかんしゃしました。（略）東京は相変わらず毎日空襲です。空襲の無い日はありません。私たちもいつ焼け出されたりけがしたりするか少しも分りませんが最後まで主の御用をいたしましょう。（略）

一九四五年二月二七日（封書）　抜粋

（略）着京の日が艦載機千機来た日で夜の十二頃漸く着いた。途中幾度か警報にあった。其翌日六百機来た。其後も度々の空襲であったが一昨日の雪降り最中の盲爆はひどかった。雪は二回ばかり一尺五寸位づゝ積って珍しい雪です。其中を盲爆した。小生も相沢兄宅を訪問して帰途恵美子さんに送られて退避してゐました所焼夷弾が一間もはなれぬ所其他周囲にいく十となく落下、爆弾落下のひゞき等物凄く思わず身を地につけて息をころしてゐた。物すごい光景であった。其内火は一面に附近の家屋にもえうつり一面火の海となり数百戸やけた。僕は走りながら平川町から内まで帰って来た。途中二、三回待避所へもぐり込み編隊通過を待った。全く雪空の盲爆だからたまらぬ。堅川二丁目は全滅で大村氏宅同元堅川教会、大木さん宅何れも全焼。相沢兄宅も全焼した。何れも何一つ出せなかった様だ。お気の毒な次第です。緑町二丁目も十数戸やけた。荻野さんへも落ちたが消しとめた相だ。何れ我々の所も此の次位は焼かれるだろう。水道電キ何れもとまった。水道は翌日通じたが電キが此辺だけまだつかぬ。電車も都電三田行は三日目の今日初めて動き出した。至る所惨憺たる光景である。神田辺が殊にひどい。下谷本所等もひどい。切に祈りをたのむ。（略）東京の事態は恐らくベルリン同様の状態まで行くかと思はれる。（略）去る聖日は前期空襲のため全く集会は出来なかった。今後益々困難になろう。

一九四五年三月七日（はがき）抜粋

（略）先日の百五十機来襲には此の方面は被害は少かった。松野さん宅附近に数個爆弾落下。ガラスがこわれる程度の被害をうけた様です。何れも無事。（略）

戦時下、全てが同じ色に染められていくような状況にあって、廣野は家族を愛し、教会を愛し、自らの務めに忠実であろうとした。限られた資料ではあるが、そこには、時局に迎合することなく、与えられた務めを忠実に果たす一人の牧師の姿があった。

参考文献

・『福音之使』日本福音教会
・『おもいでのよすがに』広野馨編、一九八一年
・『わが教会　九五年の歩み』本所緑星教会、一九八七年
・『おもいでのよすがに　追記』広野馨編、一九八八年
・『日本キリスト教歴史大事典』教文館、一九八八年
・新原辿『日本福音教會史』日本基督教団小石川白山教会記録編集委員会編、一九九七年

II

日本統治末期の朝鮮における信仰弾圧とクリスチャンの内面分析
朴允相と孫良源のケース

徐正敏

日本統治末期の朝鮮における信仰弾圧の内容区分

韓国プロテスタント・キリスト教史における最大の受難期は、一九三〇年代後半から一九四五年まで、すなわち日本統治末期です。この時代の受難は一般的に「神社参拝問題」と呼ばれています。しかしもっと詳しく分析してみると、「神社参拝問題」だけではなく「天皇崇拝強要」、「末世信仰抑圧」の部分も含んでいたと思われます。これらは、朝鮮総督府からのプレッシャーに対する韓国のクリスチャンの反応によっても区別できるのです。すなわち、「天皇崇拝」は受け入れるれど「神社参拝」は絶対できないとしたグループ、もちろん、「天皇崇拝」も「神社参拝」も全部拒否したグループもあります。特に注目すべきは、「神社参拝」、「天皇崇拝」などは政府の方針として受け入れて全部実践していましたが、「末世信仰」だけは譲らず固守したために受難に巻き込まれた人々も存在したという事実です。

これまで韓国キリスト教史は、特に日帝末期の受難の歴史において、この時期の弾圧の内容を「神社参拝問題」として大雑把に呼んできました。しかし筆者は、これよりも細かい、さまざまな弾圧の理由によって分析する必要があると考えています。「神社参拝強要」だけでなく「天皇崇拝強要」、「再臨信仰抑圧」などの全く異なる弾圧が同時に、あるいは別途に分類され、官憲から圧制を受けた事実に注目する必要があります。このような分析に依拠すれば、神社参拝の強要には従順であっても、天皇崇拝についての態度や再臨信仰の有無によって検束され、警察もしくは検察の取り調べを受けたり、獄中で苦難にあった者が多いことが分かってきます。それ以外にもさまざまな内容を同時に拒否するなど、異なる内容に対してもさまざまな仕方で抵抗したグループが別途に存在してきたことを確認できます。すなわち、一般的に「神社参拝問題」と呼ばれていますが、詳しく分析すると「神社参拝強要」、「天皇崇拝強要」、「末世（再臨）信仰弾圧」に区分できるということです。

「神社参拝強要」は、朝鮮人に「国民意識」を涵養することによって政治的な単一共同体を作り上げることを目標としていました。「天皇崇拝強要」は、「臣民意識」を涵養することによって国家宗教による単一共同体を指向し、戦争遂行のための共同体を建設することを目標としていました。「末世（再臨）信仰弾圧」は、「帝国臣民」としての「未来共同体」、すなわち世界観と歴史観の共有を目標としていました。

このような日本統治の末期におけるキリスト教の受難は、単に国家機関による政治目的のみに基づくキリスト教弾圧に起因するのではないと考えられます。むしろそれは、天皇制イデオロギーとして集約される国家宗教としての「天皇宗教」とキリスト教との対決でした。すなわち、「教教葛藤」（宗教と宗教の衝突）として判断しないわけにはいきません。繰り返せば、日本統治末期の朝鮮半島におけるキリスト教に対する迫害は、政治目的だけに基づく国家権力による単純な宗教弾圧ではありませんでした。特に、宗教ではなく国民儀礼であるという名目で強制した「神社参拝」だけでなく、「天皇崇拝強要」、「末世信仰弾圧」などは別の迫害内容でした。これは「国家宗教」とキリスト教との葛藤を意味します。だから筆者は、この現象を「教教葛藤」と命名したのです。すなわち「天皇制イデオロギー」あるいは「天皇制国家宗教」と「キリスト教」が正面衝突したテーマの一つが「末世信仰」、「再臨思想」でした（徐正敏『日韓キリスト教関係史研究』、日本キリスト教団出版局、二〇〇九、二五四―二五五頁参考）。

一方、受難の内容を区分することと同時に、さまざまな内容の受難を被った韓国キリスト者の反応や対応の相違によって、次のような大体の分類が可能です。すなわち、今まで大部分の歴史記録には、この時代、とくに朝鮮半島でのキリスト教弾圧事件を「神社参拝」問題に含めて取り扱ってきましたが、神社参拝と直接的には関係ない別の理由での弾圧事件も多数発見できるようです。日本統治末期においてさまざまなキリスト教グループが被った受難の内容別に、受け入れ方の分布を大雑把に分類してみると次のようになります。

宗派、教派による葛藤区分

a．保守的な宣教部、朝鮮長老会一般。「神社参拝」に反対、「天皇崇拝」を容認、「末世（再臨）信仰」は弱い。

b．根本主義的な朝鮮長老会一部（戦後「再建派」）。「神社参拝」と「天皇崇拝」に反対、「末世（再臨）信仰」は弱い。

c．朝鮮ホーリネス教会、東亜基督教（バプテスト教会）、安息日再臨教、エホバの証人など。「神社参拝」と「天皇崇拝」を容認（部分的に反対）、「末世（再臨）信仰」は強い。

日本統治期の韓国キリスト教の弾圧法令

日本の近代国家としての憲法的、法律的基礎の成立は、一八八九年に公布された「大日本帝国憲法」に見ることができます。その中で注目される部分は信教の自由です。すなわち、大日本帝国憲法第二八条は、次のように記されています。

日本臣民ハ安寧秩序ヲ妨ケス及臣民タルノ義務ニ背カサル限ニ於テ信教ノ自由ヲ有ス（「日本帝国憲法」一八八九、第二八条）

ところで「信教の自由」の項目には、ある強力な条件が添えられていました。すなわち国家の「安寧秩序」を妨害しないことと、天皇の「臣民」として守らなければならない義務に反しない限り、という条件です。筆者は、大日本帝国憲法の「信教の自由」の二つの事柄がのちの「社会的抑圧法」の重要な根拠になったと見ています。繰り返せば、彼らが基準とする国家の「安寧秩序」を守るために具体的な法令として治安維持法を、そして「臣民タルノ義務」を強制するために不敬罪関連法を、法に盛り込んだと考えます。もちろん、日本で確立されて植民地朝鮮へも拡大された宗教関連法が、キリスト教を統制する方法として主に活用されました。しかし、治安維持法と不敬罪関連法が、日本統治末期の韓国キリスト教の弾圧にもっとも大きな影響を与えた法制として言及されないわけにはいかないのです。

宗教関連法は、一八九〇年の教育勅語、一八九九年の内務省令第四一号、一八九九年の勅令第三五九号私立学校令、一八九九年の文部省訓令第一二号、一九〇〇年の内務省令第三九号、一九〇五年の内務省令第二三号、一九一一年の勅令第二一八号改定私立学校令、一九二五年の法律第四二号外国人土地法、一九三九年の法律第七七号宗教団体法、一九四一年の改定私立学校令、一九四一年の大蔵省令第四六号外国人関係法、一九四一年の法律第九九号敵産管理法、一九四三年の教育に関する戦時非常措置方法などがありますが、宗教管理法として日本と植民地の朝鮮のキリスト教を規制する法律でした。特にその中の私立学校令、宗教団体法はもっとも直接的なキリスト教弾圧法であったと思われます。

他方、治安維持法は、一九二五年五月に制定され、日本と植民地朝鮮に同じく適用された法令です。しかし、一九四一年三月から内容がより強力な形で改定され、それこそ広範囲な弾圧法として施行されました。この法は当初は、社会主義運動を弾圧することを目的とした性格を持っていました。しかし最終的には、当局が社会の安全に抵触すると主観的に判断した、不分明で曖昧な基準によって、植民地朝鮮の独立運動とその基礎となる民族主義思想を事前に取り除く道具となりました。それだけではなく、何かが起こる以前に、思想や信念の問題を犯罪として規定し、事前に取り締まることのできる内容によって、信念と良心の問題が中心となる宗教思想の統制に用いられたのです。それは行為以前の思惟だけによって被疑者を予備検束し、取り調べを行う悪名高い法令として横行しました。安ユリムは、佐々木敏二の研究を土台に、特に一九四一年の改定以後の治安維持法を次のように述べています。

日本の戦時体制において宗教団体法と共にキリスト教統制の両大法令は一九四一年三月に全面改定された治安維持法（法律第五四号）であった。改定治安維持法は第七条、第八条、第九条で「国体の否定、神宮、あるいは皇室の尊厳を冒涜する目的で結社を組織する者、結社の役員、集団を結成した者、その集団に参加する者、金品、あるいは財産上の利益を提供するかそれを約束した者などを処罰できる規定を新設した。それによって従来治安維持法や刑法の不敬罪関連法などによって処罰された宗教事犯について一層強力な重いものが準備されていた。現人神としての天皇の神格、天照大神の神格と配置されたキリスト教の唯一神思想、三位一体思想、天地創造説、再臨信仰などそれらに固執する少数のキリスト教派は、反国家的、反国体的なものとしてみなされ、弾圧の対象となった。（安ユリム「日帝下キリスト教統制法令と朝鮮キリスト教」梨花女子大学博士論文、二〇一三、二四一頁。佐々木敏二「治安維持法改悪とキリスト教会」『キリスト教社会問題研究』一〇、一九六六、五五—六一頁参照）

結局、日本統治末期の韓国キリスト教受難史の根拠になった法令は、直接的には私立学校令や宗教団体法と同様の宗教関連法、そして社会一般の法令としては、治安維持法と刑法の不敬罪関連法、軍国主義体制下の陸軍刑法等々でした。

末世信仰弾圧のケース——朝鮮ホーリネス教会信徒朴允相（岡村茂信）を中心に

一　信徒・朴允相の履歴と信仰歴

朝鮮ホーリネス教会の信徒、朴允相（パク・ユンサン、日本名＝岡村茂信）は、明治三〇年（一八九七年）旧暦一〇月三日、朴文寛（バク・ムンキヮン）の長男として生まれました。本籍は黄海道長淵郡樂道面三川里四八七番地です。七歳の時の明治三七年一二月より漢文書堂に入学、一四歳の明治四四年八月まで儒学と漢文を修学しました。その後二四歳の大正一〇年までは農業に従事しましたが、同年一一月より昭和四年七月までは本籍地で雑貨商を経営しました。昭和四年八月、三二歳の時、生活苦のため妻と子の合わせて三人を連れて江原道金化郡近東面（現在は江原道鉄原郡近東面、南北分断線が位置する地域）に転居して日雇いで働いていましたが、昭和五年四月、江原道金化郡邑内里六二三番地（現在は江原道鉄原郡金化邑邑内里地域）に転居してからは大工業に従事しました（「朴允相（岡村茂信）の被疑者尋問調書」中、金承台編訳『神社参拝問題資料集』三（裁判記録 編）、ソウル、韓国基督教歴史研究所、二〇一四、二九一頁）。

一方、彼は昭和七年一一月二五日、東洋宣教会朝鮮聖潔教会の金化ホーリネス教会に入教しました。その後、昭和八年四月に洗礼を受けて信仰生活を続けました。昭和一〇年三月、金化ホーリネス教会の執事として任命され、平信徒教役者として中心的な役割を果たしていました（前掲書、二九一頁）。

二 朴允相の事件内容と尋問調書の概要

朴允相は昭和一六年（一九四一年）八月六日、江原道金化警察署に検束されて尋問を受けました。尋問の担当者は金化警察署司法警察官で朝鮮総督府江原道巡査の林茂夫、立会警察官は朝鮮総督府江原道巡査田畑繁でした。被疑事件の内容は不敬罪、陸軍刑法及び保安法違反の件です（前掲書、二九〇頁）。

被疑者朴允相の陳述によれば事件の内容は次のようです。

昭和一六年（一九四一年）二月ある水曜日の夜金化郡金化面巖井里のホーリネス教会礼拝堂で女性六名が集まった集会の中「千年王国」についての説教の内容中不穏な言動をしたこと、昭和一六年（一九四一年）二月金化郡金化面邑内里の信徒清原新庭（韓楨禹、ハンジョンウ）の家で天皇陛下に対して不敬な言動をしたこと、昭和一六年（一九四一年）五月四日夜金化郡金化面のホーリネス教会礼拝堂で男子信徒二名と女性信徒五名の前「我々が末世を知ろう」という題目の説教をする時不穏な言動をしたことがあります。特に昭和一六年（一九四一年）二月ある水曜日の夜のホーリネス教会礼拝堂での説教では「今が末世である。主がこの世に再臨して地上天国を建設して万王の王になると我々はどんなに幸せになるか」と説教しました。（前掲書、二九一―二九二頁）

警察官の質問による誘導もありましたが、朴允相自身、その時代の状況でどのような言動が問題になっているか、既に分かっていたようです。それは、間もなくイエスが再臨してこの世の中に「地上天国」が建設されるという信仰内容でした。特に世界のあちこちが戦争中であるのはいわゆる「末世の兆候」であり、間もなくイエスが再臨して現在の世界が終わりになると説教したのです。これはそのまま「日本帝国」の終末でもあるし、天皇の権威も普通の人間と同じだというものです。先の陳述中の「天皇陛下に対して不敬な言動」というのは、いわゆる「末世」の時には天皇も我々と同じように「主の審判」を受けること、天皇もキリストに対する信仰によらないと滅亡するものであることに言及したことを意味すると思われます。反対に、キリスト教の信徒であり、特に、間もなく再臨するイエスを待ちながら、時代の「末世の兆候」を読みとって篤い信仰心で武装している自分たちは「末世の日」、「地上天国」が建設される時、「万王の王」となるイエスによって最高の地位を獲得すると強調したことを陳述したものです。朴允相自身も、このような信仰告白がその時代の「不敬罪関連法」、「治安維持法」などにどれほど抵触するかを既に知っていたと思われます。

三　朴允相の主要尋問の内容

朴允相は尋問調書によると、昭和一六年（一九四一年）八月六日の警察の取調べで、総数で四八項目にわたる質問に答えました。その内容を重要なテーマ別にまとめてみると次のように整理できると思います。

1　神社参拝関連

問：神社参拝をしたことがあるのか。
答：毎月愛国日には必ずしております。
問：神社に神がいるといっても参拝するのか。
答：国家が奨励するのでもちろんします。
問：イエス以外の神に参拝するのは問題じゃないのか。
答：国法によることなので大丈夫です。（前掲書、二九四頁）

この内容によれば、朴允相は神社参拝についてはあまり問題意識がないように見えます。まず毎月「愛国日」には必ず神社参拝をすると答えることで既に神社参拝を強要する総督府の政策に服従していることは確かです。これに対して警察側の「神社に神がいるといっても参拝するのか」という質問はかなり高いレベルの尋問であり、他の信仰項目の問題まで拡大するための伏線であると思われます。これに対して朴允相は即答を避けて「国家が奨励」と言及しています。続いて警察はもう一歩先に進むのです。「イエス以外の神に参拝するのは問題じゃないのか」、これは形式的には神社参拝を受け入れている朴允相に対して、その信仰内容をより詳しく追及してもう一度チェックする尋問の方法であると思われます。しかし朴允相は「国法」を名分に使って神社参拝に関しては完全に容疑から逃れるのです。

2　天皇崇拝関連

問：宮城遥拝はするのか、どんな気持ちでするのか。
答：宮城遥拝は天皇陛下と天皇陛下がいらっしゃる所に向かって国民としての敬意を捧げることで毎朝と教会の礼拝の前にします。
問：天皇陛下もイエスに服従しなければならないのか。
答：この世の中の人生、人間の中には天皇陛下も含まれます。
問：なぜ天皇陛下もイエスに服従しなければならないのか。
答：イエスは神様の子として普通の人類と比較ができません。従って天皇陛下より偉大な存在であると思います。

（前掲書、二九二、二九四頁。徐正敏『日韓キリスト教関係史研究』、二四六―二四九頁参照）

ここはもっと具体的に分析しなければならない部分です。すなわち朴允相は「宮城遥拝」のような形式的な「天皇崇拝」は実践しているし、国民としての敬意を表現する程度であれば違和感もないようです。しかし「天皇崇拝」の内容に対しては別の見解を持っていたのです。まず「天皇」は「神」ではないのでその時代の「天皇制イデオロギー」の大きなテーマである「天皇＝現人神」の認識とは離れているようです。特に「天皇陛下もイエスに服従しなければならない」、「イエスは……天皇陛下より偉大な存在である」という答えは、いわゆる「不敬罪関連法」に大きく抵触します。この尋問も段階的に進んでいます。行動としての「宮城遥拝」を実践しているとはっきり答えて、そこで「国民としての敬意」に言及しました。しかし警察は「天皇陛下もイエスに服従しなければならないのか」という質問で、信仰の中身をチェックします。これに対して朴允相は本音を伝えています。「人間の中には天皇陛下も含まれる」と。これは神社参拝に関するときとは異なる反応で、「天皇崇拝の宗教性」に対しては抵抗していると思われます。従って朴允相のケースでは、日本統治末期のキリスト教信仰が被った「神社参拝」、「天皇崇拝」、「末世信仰」の中で、形式的には「神社参拝」、「天皇崇拝」は受け入れて単に「末世信仰」だけが問題になったという判断も、改めて考え直さなければならないと思います。すなわち「天皇崇拝」の部分には内容的には大きな葛藤があったと、既に警察も判断しているようです。

3 末世信仰関連

問：被疑者は昭和一六年五月四日夜金化面邑内里聖潔教会礼拝堂で「私たちは末世であることを知らなくてはならない」という題目で説教をしたことがある。その要旨を述べよ。

答：昭和一六年五月四日夜金化面邑内里聖潔教会礼拝堂で男子二名女子五名の信徒に「私たちは末世であることを知らなくてはならない」という題目で説教しました。一、新約聖書マタイによる福音書二四章、民は民に、国は国に敵対して立ち上がり、親が子を虐待し子が親を虐待する時がすなわち末世のしるしだと言っているが、現在の日本はシナと戦い、ドイツもイギリスも戦っている。今が末世だ。二、末世のイエスが再臨するとともに神様は硫黄で世界人類を焼き尽くし、大地が滅ぼされることで新天新地によるイエスの地上天国が完成する。三、イエスの地上天国が建設されるとキリスト者は王の王であるイエスの統治下に平和に生きることができると、さまざまな帝国の滅亡を暗示するような説教をしました。

問：末世というのは？

答：この世の終末を意味します。

問：大日本帝国が支那と戦争中なので今が末世というのか。

答：日中戦争だけではなくヨーロッパの国々も戦争中なので今が末世であると思います。

問：被疑者は末世をこの世の最後であるというから今が末世であると世界の終末、すなわち戦争中の各国が滅亡するという意味なのか。

答：そのとおりです。末世は天地開闢の事件であるから国家が残っているのはいけないし全部滅亡して、新天新地のイエスの地上天国が建設されます。従って現在戦争中の国々は全部滅亡すると思っております。（前掲書、二九二―二九三頁）

この部分が朴允相の事件において最も核心的な容疑です。すなわち「末世信仰」に対する総督府の敏感な対応です。特に「切迫した終末への信仰」は「日本帝国」自体を否定する不穏な思想になるからです。これはファシズム政権が戦争を遂行するための「国民一致団結」、「宗教報国」の政策にとっても大きな障害になると、警察も判断したはずです。特に朝鮮半島を日本の戦争のための兵站基地として活用し、朝鮮人たちも戦争に動員することを目指していた朝鮮総督府の立場からすれば、絶対に許せない信仰内容でしょう。「内鮮一体」のもとで朝鮮人も「帝国臣民」として養成するという政策にとってはもちろん「天皇崇拝」も重要ですが、もっと現実的には永遠なる「日本帝国」の権威とそれに対する矜持を高める国民意識の教育が必要でした。このような思想にはまず「現世価値」が中心になる世界観、歴史観がベースになるのが前提です。これに対して、キリスト教界の一部の再臨論者、終末論者たち、一部の新宗教の彼岸論者、現実逃避論者たちは要注意対象となる群でした。その理由によって、日本でも植民地朝鮮でも「末世信仰」は警戒第一の対象になったと思われます。

四　朴允相の証人・李明稙の尋問調書の概要

李明稙（イ・ミョンジク、日本名＝牧野明稙、一八九〇―一九七三）は、韓国ホーリネス教会の初期から戦前・戦後にいたるまで有力な指導者であり、著名な牧師です。東京聖書神学校に留学した後、一九二二年に牧師になりました。朝鮮ホーリネス教会総会の初代と二代、六、七代の総会長、戦前「京城神学校」の院長、校長、戦後にも韓国ホーリネス教会の直営神学校であるソウル神学校の校長、大学に昇格後のソウル神学大学の初代学長を歴任しました（李泉泳『韓国聖潔教会史』、ソウル、聖潔教会出版部、一九七〇参考）。韓国ホーリネス教会のリーダーの中で代表的な「親日派」でもありました。日本統治末期に神社参拝、戦争協力に率先垂範しました。朝鮮ホーリネス教会は日本統治末期にいわゆる「末世信仰」のため解散させられましたが、李明稙牧師個人はあまり受難を経験していないのです。反対にキリスト教界の一部の人物たちと協力して「内鮮一体」、「宗教報国」に関連する活動に積極的でした。そのため二〇〇九年「韓国民族問題研究所」より刊行された『親日人名事典』にもキリスト教界の代表的な「親日派」四七名の一人として収録されています（親日人名事典編纂委員会『親日人名事典』、ソウル、韓国民族問題研究所、二〇〇九参考）。

李明稙は、朴允相の事件における証人の一人として尋問を受けました。まず朴允相は自分の尋問の中で李明稙牧師より聞いた説教に関連して次のように述べました。

問：牧野明稙（李明稙）牧師が被疑者の教会で説教したことがあるのか。

答：昭和一六年二月一九日自分の教会の新礼拝堂の献堂式に東洋宣教会の理事長の牧野明稙牧師が参席しました。その後二月二一日夜男一三名女一九名の信徒に「重生」という題目で説教しました。……ユダヤの独立が間もなくなのでイエスの再臨も遠からず。すなわち

「末世」がすぐであります。（「朴允相（岡村茂信）の被疑者尋問調書」中『神社参拝問題資料集』三、二九五頁）

この供述によれば李明稙も「末世信仰」を強くもっており、説教などによって多くの平信徒たちに影響があるはずとのことでした。そこで朴允相事件の捜査を担当する金化警察署の捜査チームは李明稙も呼んで証人尋問の形で尋問したようです。

李明稙（牧野明稙、現職：京城聖書神学校校長、住所：京城府竹添町三丁目三五番地）は、昭和一六年（一九四一年）八月一七日と一八日二回、江原道金化警察署に証人として出席し、尋問を受けました。彼の尋問を担当したのは金化警察署司法警察官で朝鮮総督府江原道巡査の林茂夫、立会警察官は朝鮮総督府江原道巡査田畑繁でした。朴允相ほか一人に対する被疑事件、すなわち不敬罪、陸軍刑法及び保安法違反の被疑事件です（前掲書、三〇二、三〇五頁）。李明稙の証人尋問調書によると二回の取調べで総六〇項目の質問（一回二三項目、二回三七項目）に対して答えました（前掲書、三〇二―三〇九頁）。

五．朴允相の証人李明稙の主要尋問の内容

1　朴允相との関係について

問：証人は岡村茂信（朴允相）を知っているのか。

答：日時は覚えていないが、約三年前私が東洋宣教会聖書学院院長に在職中、学院に入学したいとの頼みを相談するために私を訪問したことがあります。その後も四―五回訪問して金化聖潔教会に教役者の派遣を頼みました。それから私に四―五回ぐらい手紙を送ってきたこともあります。（前掲書、三〇二頁）

この内容をみると、自分は被疑者である朴允相と深い関係はないこと、朴允相から何回かの訪問や手紙などによる連絡があったが、自分からはあまり深い関係を持っていないことを強調しているようです。

続いて警察側の、朴允相たちに大きな影響を与えた思われる李明稙の説教、昭和一六年（一九四一年）二月の金化ホーリネス教会での集会に関する尋問に対しても、素っ気なく答えています。二月一九日の昼間、夜、二月二〇日の昼間、夜、合わせて五回の説教をしたことは認めましたが、金化ホーリネス教会堂の献堂式に招聘があったための形式的なプログラムであり、一般的で儀礼的な説教であることを強調しました。説教の題目、テーマに対しても五つの中で三つだけを覚えていると答えています。すなわち「重生」、「赦している神様」、「イチジクの木の比喩」などです。しかしそれらの説教は、「重生」ではキリスト者の基本的な存在論を、「赦している神様」では金化ホーリネス教会の新しい礼拝堂が神聖な殿堂になることを強調し、「イチジクの木の比喩」では現在のユダヤ人のカナン復帰の兆候とイエスの再臨について述べる内容であり、この最後のものも、キリスト者は、いつの日かイエスが再臨することを信じて信仰的な準備をしなければならないということを伝えたにすぎないと述べました（前掲書、三〇三頁参考）。

既に李明稙は朴允相たちの容疑点がどこにあるかをよく分かっているようで、そこに間接的にも自分自身は関係ないことを証明するために努力したと思われます。そのような理由で「末世」、「切迫する再臨」などの概念については回避、弱化する方法をとっていたようです。たとえば既に八月六日の被疑者尋問で朴允相は「昭和一六年二月一九日自分の教会の新礼拝堂の献堂式に東洋宣教会の理事長の牧野明稙（李明稙）牧師が参席しました。その後二月二一日夜男一三名女一九名の信徒に「重生」という題目で説教しました……ユダヤの独立が間もなくなのでイエスの再臨も遠からず。すなわち「末世」がすぐである……」（前掲書、二九五頁）と陳述しています。この朴允相の陳述は、李明稙の「重生」と「イチジクの木の比喩」の二つの説教の題目と説教内容が混淆していますが、いずれにせよ説教から受けた「末世」と「切迫する再臨」の信仰的インパクトは確実であったと思います。しかし李明稙は、自分の説教「イチジクの木の比喩」で取り上げた聖書テキストであるマタイによる福音書二四章三二節を明示しながら、自分はユダヤ人の動きとイエスの再臨に言及したが、それはあくまでもキリスト教の一般的な信仰としての再臨思想を述べたものだとして弁明しています。これはこの事件より離れて逃げたい彼の気持ちが明らかに出てきた部分であると思います。次の警察側の直接的な尋問に対する李明稙の証人陳述では、このような姿勢がより確実にみられます。

2　神社参拝関連

問：神社には何を祭ると思うのか。
答：天照大神を祭ると思いますが、よくは分かりません。
問：キリスト教信徒として神社参拝するのは偶像崇拝ではないか。
答：いいえ。偶像崇拝ではありません。人間の形態とか、あるいは動物の形態などの神であれば偶像に見えるかもしれませんが、神社にはそのようなものがないので偶像崇拝ではありません。文部大臣も宗教と神社は全然別の問題であるというのでわれらキリスト教信徒たちは神社参拝をしなければなりません。国民として参拝するのは当たり前のことでありまず。われらの教派の教えは長老派とは全く趣旨を異にしております。（前掲書、三〇八頁）

李明稙の神社参拝に対する合理化は極めて巧妙であると思われます。神社に「天照大神」が祀られていることは認めながらも、それは「偶像崇拝」ではないと述べています。キリスト教で禁じている「偶像」を旧約聖書の「人間の形」、「動物の形」など、文字どおり目に見えるものに限定させて、もっと大きな罪である「他の神に対する崇拝」などの根本的な律法を曖昧にする方法をとったわけです。もう一つの合理化の名目は、政府の「神社非宗教論」でした。すなわち、文部大臣の指針に従って神社参拝を「国民儀礼」として受け入れる立場を強調しています。とくに神社参拝に対する反対抵抗が比較的強かった長老派と異なり、ホーリネス派のスタンスは政府の趣意に積極的に協力していることを明らかにしています。これは信仰的な問題の被疑事件にかかわっている証人の立場として、少しでも政府の政策に賛成するポジティブなイメージを見せようとする目的もあったようです。

3　天皇崇拝、萬世一系、国体関連

問：天皇陛下ももちろん、世界人類全体がイエスの前に服従して、その支配を受けなければならないというのはどのような意味なのか。

答：そうではありません。宗教は自由なのでキリスト教の信仰も自由です。それ故、世界人類全部がイエスに服従してその支配を受けなければならないという意味ではありません。単にキリスト教信徒だけはイエスに服従してその支配を受けることであります。世界人類はもちろんだれでもイエスに服従してその支配を受けなければならないというものは強制性があるので宗教の自由原則に違背になるものであります。

問：イエスを吾が国の国体に照らしてみると矛盾はないのか。

答：宗教は国家の支配下にあるものですのでもちろんキリスト教もわが国の支配を受けなければなりません。従ってキリスト教が国体に矛盾になることは決してないと思っております。

問：そうなら萬世一系と天国とはどんな関係であるのか。

答：萬世一系はわが国の国体を意味することであるし、天国は未来の霊界の観念であることなので全く別の問題であります。従って天国が国体に影響を及ぼすことは絶対ありません。

（前掲書三〇八頁）

この尋問の項目から、被疑者である朴允相と証人である李明稙の陳述が完全に別のトラックになります。昭和一六年（一九四一年）八月六日の取調べで朴允相は次のように述べました。

問：天皇陛下もイエスに服従しなければならないのか。
答：この世の中の人生、人間の中には天皇陛下も含まれます。
問：なぜ天皇陛下もイエスに服従しなければならないのか。
答：イエスは神様の子として普通の人類と比較ができません。従って天皇陛下より偉大な存在であると思います。（前掲書二九二、二九四頁）

朴允相は、形式的には「天皇崇拝」をしていますが、天皇も人間であるからイエスに服従しなければならないという内面的な信仰はもっていたのです。しかし李明稙は、イエスに服従しなければならないのはキリスト教の信徒だけであること、キリスト教の信徒以外の人々にそれを強制することは「宗教の自由の原則」に反すると陳述しています。これは表面的にみるとそれなりに合理的に読める部分もありますが、キリストと天皇との当時の関係論から生じた尋問全体の流れからみると、やはり詭弁です。

李明稙はもう一歩進んで、「宗教は国家の支配下にあるものですのでもちろんキリスト教もわが国の支配を受けなければなりません」と述べました（前掲書三〇八頁）。これは、少なくとも近代国家の普遍的な価値、日本の近代憲法の精神によっても批判すべき論理です。すなわち「政教分離」、あるいは「信教の自由」の原則に触れるものです。とくに「萬世一系はわが国の国体を意味することであるし、天国は未来の霊界の観念であることなので全く別の問題です。従って天国が国体に影響を及ぼすことは絶対にありません」（前掲書三〇八頁）という陳述は、キリスト教内部に神学的な論争を引き起こす「異端性」も含んでいると思います。

ここで既に李明稙は、自分自身が指導者として責任を負っている教団所属教会の、平信徒に対する被疑事件から離れたいという保身的な意図だけではなく、この時代の代表的なキリスト教界の「親日派」としてのアイデンティティをみせていると思います。

4　末世信仰関連

問：国と国の間で戦争が起こると末世であるというのならば現在は末世なのか。

答：そうではありません。戦争は現代だけのものでもないし、どんな時代にも戦争はありましたので今が末世であるとは言えないです。戦争と末世は全く別の観念であります。

問：地上天国というのはどんなものか。

答：地上天国はありません。われらキリスト教信徒は地上天国を認定できません。

問：証人は昭和一六年二月一九日金化聖潔教会に出張にきたとき、末世について説教したことがあるか。

答：いいえ。絶対にありません。そんな非常識な説教はありえません。そのような説教はいままで一度もやったことがありません。

問：しかし被疑者岡村茂信（朴允相）は認めるのでこれはどのようなことなのか。
答：いいえ。私はそんな説教をしたことがありません。彼らがどのように陳述したか分かりませんが決してそのようなことはありません。
問：別に陳述したいことはないのか。
答：ありません。（前掲書三〇八―三〇九頁）

実際には李明稙の所属教派である「朝鮮ホーリネス教会」は日本統治末期の昭和一八年（一九四三年）一二月二九日に「末世信仰」、「再臨思想」などを理由として朝鮮総督府より強制解散させられました（李泉泳『韓国聖潔教会史』参考）。しかし李明稙の供述内容は、彼自身の教団の特徴、平信徒たちの信仰告白とも完全に異なるものであったと思われます。

まず「戦争」と「末世」とはまったく関係ないものだと彼は述べました。しかし朴允相は、「日中戦争だけではなくヨーロッパの国々も戦争中なので今が末世であると思います」（「朴允相（岡村茂信）の被疑者尋問調書」中、金承台編訳『神社参拝問題資料集』三、二九三頁）と陳述しました。朴允相と李明稙は反対の立場になります。時代情勢を的確に読んでいた李明稙は「末世信仰」も危ない内容であるし、とくに戦争が末世の前兆だと言うことがどんなに危険な言葉であるか既に分かっているようです。「戦争は現代だけのものでもないし、どんな時代にも戦争はありましたので今が末世であるとは言えません。戦争と末世は全く別の観念であります」（前掲書三〇九頁）と述べ、彼自身は末世信仰だけではなく、自らの戦争認識もその時代の価値観に照らして「健全」なものであることを表明したかったのです。

一方、彼は「地上天国」への信仰自体を認めないことによって、いわゆる「終末思想」と「日本帝国に対する審判」などに対する当局の警戒を払拭しようとしていました。とくに朴允相たちが「末世信仰」の問題で被疑者とされ、有罪となることが確実でしたから、彼らの証人として、なるべく彼らとの関係を否認し、自分が彼らに影響を与えているのではないかという容疑を免れようとしました。「末世についての説教」に関しては、その説教内容から影響を受けたという彼らの陳述も一切否認しています。それが李明稙のこの時代の生き方であり、以後の彼の言行とも矛盾しないものであったと思います。

以上、日本統治末期の朝鮮半島でのキリスト教受難のケースとして、ホーリネス信徒の朴允相被疑事件を尋問調書を中心に調べてみました。そこで明らかになったことは、まず日本統治末期の朝鮮半島でのキリスト教に対する迫害は、政治的な目的だけに基づく国家権力による単純な宗教弾圧ではなかったということです。宗教ではなく国民儀礼であるという名目で強制した「神社参拝」と、「天皇崇拝」や「末世信仰弾圧」は別の迫害内容であり、これは「国家宗教」とキリスト教の間の葛藤を意味すると考えられます。「天皇制イデオロギー」あるいは「天皇制国家宗教」と「キリスト教」が正面衝突したテーマの一つが「末世信仰」、「再臨思想」でした。前述のように、筆者はこの現象を「教教葛藤」と命名しました。

一方、今まで大部分の歴史記録にはこの時代の、とくに朝鮮半島でのキリスト教弾圧事件を「神社参拝」問題に含めて取り扱っていたのですが、このケースからも分かるように神社参拝とは直接的には関係ない別の内容での弾圧事件も多数発見できるようです。

天皇崇拝強要のケース——朝鮮長老会の孫良源治安維持法被疑事件を中心に

孫良源（ソン・ヤンウォン、日本名＝大村良源、一九〇二―一九五〇）は、日本統治末期の韓国キリスト教受難者の代表的な人物です。慶南出身の長老会教役者で、全南地域のハンセン病患者のための病院および療養所である麗水の愛養院を中心に牧会していました。神社参拝反対などの理由により、一九四〇年に逮捕され、長い間平壌の監獄において、獄中の苦しみに耐え、解放を迎えて釈放されました。一九四八年には左翼暴動と無差別鎮圧事件である「麗順反乱事件」（麗水・順天事件）において二人の息子を失いましたが、息子を殺害した犯人を赦し、彼を養子として迎えた逸話も有名です。結局、六・二五朝鮮戦争当時、北朝鮮軍によって銃殺されました（安ヨンジュン『愛の原子弾』、ソウル、聖光文化社、二〇〇九参考）。

孫　良源

尋問調書と裁判記録によれば、「孫良源事件」こそ代表的な治安維持法の違反事件ですし、内容によれば単純な「神社参拝」拒否問題ではなく「天皇崇拝」に関する事件であると考えられます。

被疑者である孫良源は、この治安維持法違反の被疑事件によって、昭和一五年（一九四〇）一〇月二二日、麗水警察署司法警察と朝鮮総督府の全羅南道の巡査金城久雄の立会いの下、尋問を受けたことが記録されています（「孫良源（大村良源）の警察被疑者尋問調書」中、金承台編訳『神社参拝問題資料集』三（裁判記録 編）、ソウル、韓国基督教歴史研究所、二〇一四、三一頁）。この尋問は三回の警察訊問調書に同じような表題によって記録されており、続いて四回目の検察訊問調書、公判請求書、二回の公判調書にも同じ被疑関連法として、治安維持法が明記されています。検察の訊問調書記録は次のように記しています。

上の者について、治安維持法違反の被疑事件について、昭和一六年（一九四一）五月二四日麗水警察署において朝鮮総督府検事の依田克己、朝鮮総督府裁判所書記の彊山蒙実が列席し、検事は被疑者についての訊問を次のように行った。（「孫良源（大村良源）の検察被疑者尋問調書」中、前掲書、四八頁）

九四一年一〇月二八日に開かれた第一回裁判の公判記録を見ると、やはり次のように記録されています。

大村良源について、治安維持法違反の被疑事件について、昭和一六年一〇月二八日午前九時光州地方法院の法廷にて、裁判長朝鮮総督府判事の渡邊彌美、朝鮮総督府判事の幸田輝治、朝鮮総督府判事の河内兼三、朝鮮総督府検事の依田克己、朝鮮総督府裁判書記の木村茂、弁護人の大原和植出頭。（「孫良源（大村良源）の公判調書」（第一回）中、前掲書、六五―六六頁）

以上の資料によれば、日本統治末期のキリスト教の代表的な受難者である孫良源に適用された法律は「治安維持法」でした。では、訊問調書と公判記録を中心に彼が抵触した罪責の内容に注目してみましょう。まず孫良源は、警察の訊問に次のように応答しています。

教育勅語といっても、聖書に書かれている趣旨に合致するなら正しいだろうが、合致しないことは不義になるでしょう。天照大神は我が国（日本）の先祖の神というが、ヤーウェの神の命令支配の采配によって、日本国に降臨したのでしょう。故に世界人類の始祖はヤーウェの神であるし、天照大神もヤーウェの神の支配下において行動してきたのである。天皇陛下は人間です。……天皇もヤーウェ神から命と息、また万物すなわち国土国民財産の日本を統治する天皇の地位及び統治する権力も、ヤーウェ神から受けているものです。現在、我が国の国体や私有財産制度は、イエスの初臨から再臨まで、俗にいう末世期にある暫定的仮定的制度であり、イエスが再臨されれば、すべて破壊され、消滅して無窮世界が実現するということです。天皇を現人神とすることはできません。日本帝国の天皇も不信者であるという理由で、一般不信者のように、キリストが地上に再臨され、不信者すべてを獄中に収容、拘禁してしまい、悪魔である日本も、従来のような天皇統治制度はなくなり、キリスト教国家として変革されるでしょう。（前掲書、三三一四八頁）

警察の尋問に対する孫良源の陳述内容は、治安維持法の典型的な項目に抵触していたことが分かります。天皇に対する臣民としての具体的な礼儀に照らして、もし義務不履行などがあれば、むしろ不敬罪関連法として扱われるかもしれないでしょう。しかし、前述の尋問内容を見ると、彼が天皇の神性を否定し、天照大神の神格も否定し、再臨信仰を強調していることなどがはっきり見てとることができます。これらは、治安維持法が取り締まりの対象とした反国体犯として起訴される内容です。

孫良源を警察から送致された検察も、やはりさまざまな項目にわたって具体的な尋問を続けました。検察尋問での孫良源の応答のあらましにも注目に値する部分があります。

天照大神及び歴代天皇は、神格であるが、ヤーウェ神ではない。したがって、その神社に対して礼拝することは、ヤーウェ神の十戒の故に行うことができない。今上天皇陛下は、神ではなく、優れた存在として尊敬します。最後の審判の後に世界各国は滅亡するのであり、日本国家も滅亡するでしょう。したがって、天皇陛下も不信者であるというなら、その地位を喪失し、他の不信者とともに燃える地獄に入ることと存じています。（前掲書、五二―六一頁）

応答の段階がより強化されたようにうかがえ、警察で述べたよりもさらに自身の信念を強く表現したものと見ることができます。このような孫良源の立場が徹底して信仰的次元のものであることは明確です。すなわち、朝鮮の独立だとか日帝の植民統治への反対のような民族思想につなげることは拡大解釈になるという点に注意する必要があります。次の検察の陳述において、それらが明確に現れています。

問：朝鮮統治に対しては、このように考えているのか。

答：あまり不満に考えてはいません。キリスト教徒としてさまざまな苦難を受けてはいますが、これもこの時にむしろ私の信仰上のことで言えば、たとえどんな苦難が体に切迫しても、さらに信仰を厚くし試練を受けることだと信じている私としては、信仰上少しも悩ましくはありません。（前掲書、五七―五八頁）

朝鮮統治に不満はなく、苦難自体も信仰上の試練として受け入れようとする姿勢が見えます。したがって、ここには、治安維持法が取り締まりの対象としたもうひとつの項目である、朝鮮独立のための民族思想は含まれていないことを確認できると思います。

ついに検察は孫良源を、治安維持法違反により起訴しました。公判請求書の核心は次のように記しています。

……現存国家の滅亡と千年王国建設の必然性を確信する者で、この思想による我が国民の国家観念を攪乱させ、千年王国実現を待望する観念を育成させると同時に現存の秩序の混乱動揺を誘発させながら、究極的にはいわゆる「アルマゲドン」による現存秩序の崩壊によって、我が国を爲始し、世界各国家の統治組織を変革し、千年王国建設を実現することを冀求した者であり、国体を変革させる目的を持ち……。（「孫良源（大村良源）の公判請求書」中、前掲書、六三頁）

結局、検察は、孫良源の信仰、思想を、治安維持法に対して違背するもの、すなわち日本の国体と天皇を中心とする日本帝国の体制自体を否定する思想事犯であると確信したのです。

一九四一年一〇月二八日、第一回公判が開始されました。裁判長が孫良源の治安維持法違反事項の重大性を認めたことは、傍聴人をすべて退去させ、非公開裁判として公判を進めた事実から確認することができます。そして孫良源は、検察の尋問調査と公判請求書を基に裁判長の質問について大部分を是認したのです。弁護人の弁論の後、最終供述の機会も辞退し、第一次審理公判は、すべて終了しました（「孫良源（大村良源）の公判調書」（第一回）、前掲書、六五―七〇頁）。

そして一九四一年一一月四日、第一審宣告公判の判決は次のように記録が残っています。

大村良源（孫良源）に対する治安維持法違反の被告事件について、昭和一六年（一九四一）一一月四日午前九時光州地方法院法廷において裁判長朝鮮総督府判事渡辺彌美、朝鮮総督府判事幸田輝治、朝鮮総督府判事河内兼三、朝鮮総督府検事嚴祥燮、朝鮮総督府裁判所書記木村茂が列席し、弁護人大原和植は出席しなかった。裁判長は、判決を宣告する意志を伝え、主文を朗読し、口頭でその理由の要領を述べ、判決を宣告し、またこの判決について上訴しようとする者は、上訴においては五日以内にその申請書を当裁判所に提出することを告知する。（「孫良源（大村良源）の公判調書」（第二回）中、前掲書、六五―六六頁）

孫良源は、治安維持法違反の件によって一年六か月の懲役刑の実刑判決を受けました。これについて二日後の一九四一年一一月一六日に上告申請書を提出しましたが、翌日の一一月一七日に上告取下書を提出し、判決に承服しました（「孫良源（大村良源）の上告申請書、取下書」、前掲書、七一―七二頁）。しかし、その後のさまざまな併合事案によって、孫良源が出獄したのは解放後になったのでした。

孫良源の事件は、韓国キリスト教受難史において、治安維持法の被疑事件としてもっとも注目すべきものです。孫良源は、特に日本統治末期の朝鮮における代表的な神社参拝受難者として有名ですが、実際には、神社参拝の拒否より、天皇の神性の否定、天照大神の神格の否定、再臨信仰の強調など、別の弾圧理由による受難であったことを確認できると思います。

参考と抜粋論文

徐正敏「日本統治末期の朝鮮における末世信仰弾圧のケース分析――朝鮮ホーリネス教会信徒朴允相（岡村茂信）を中心に――」『富坂キリスト教センター紀要』第8号、富坂キリスト教センター、二〇一七年

徐正敏「日本統治末期の韓国キリスト教受難史と治安維持法」『キリスト教文化』二〇一七年秋号（通巻10号）、かんよう出版、二〇一七年、一二月

徐正敏「日本統治末期における信仰弾圧の天皇崇拝強要のケース——朝鮮長老会の孫良源（大村良源）治安維持法被疑事件を中心に——」『富坂キリスト教センター紀要』第9号、富坂キリスト教センター、二〇一九年

植民地期朝鮮における「信教の自由」
「改正私立学校規則」と「神社参拝問題」をめぐって

李　省　展

はじめに

帝国日本の支配領域にあって神社参拝問題がイシューとして浮上する背景に外国人宣教師の存在とその影響力を排除できない。米国のミッション関連資料から見えてくるものは、帝国日本による神社参拝の強要をイシューとして限定的に論じることも可能ではあるが、大韓帝国期の政治状況ならびに植民地期を通じた「信教の自由」をめぐる問題や総督府の宗教・教育政策とミッションや現地教会との葛藤などの延長線上に立って、巨視的な観点からこの問題にアプローチする必要性があると思われる。また最近の駒込武[1]や渡辺裕子[2]の研究からも明らかなように、帝国日本の支配地域においても、類似の事例がみられることに留意するならば、植民地期の朝鮮のみに焦点を当てるのではなく、「内地」のみならず台湾や「満洲」における「信教の自由」を包括的に検証していく必要性が浮上してくるといえる。

したがって本稿はマクロかつ包括的な視点を踏まえながら、植民地期の朝鮮を主軸に、「信教の自由」に関する諸事象を検証し、その歴史的意味を明らかにすることを主眼とする。まず「韓国併合」以前の統治権力の状況と、王権と宣教師との関係性を帝国日本との関連性を踏まえて叙述し、次に朝鮮総督府とミッションスクールとの関係を検証した後に、日本統治下における「信教の自由」の問題をアメリカ北長老派の宣教関連資料を中心に明らかにしていきたいと考える。

1　統治権力とミッション

アジア諸国の多くが西欧列強により開港を迫られていったが、朝鮮王朝の場合は、武力を背景としながら、同じアジアの隣国・日本によって開国と開港を迫られたというところにその特徴があるといえる。朝鮮政府は日本のプレゼンスが戦争を通じて強まるにつれて独立を維持していくには難しいかじ取りを迫られることとなった。列強の影響力を統御するための力の均衡を維持するために、経済面における利権を拡散させ、その結果、鉱山の採掘権、鉄道の敷設権などを日本とロシア、イギリス、アメリカ、フランスなどの西洋列強が占めることとなった。

列強の強大な圧力のもとに、開港後の朝鮮は宗主国の清王朝、江華島事件の翌年の日朝修好条約締結により朝鮮を開国した日本、経済的利権を有する隣国ロシアをはじめとした西洋列強の角逐が激しくなり、まずは日本と清が東学の乱の鎮圧を契機に衝突し、一八九四年に日清戦争が勃発することになる。戦勝による日本のプレゼンスの強大化が力の均衡を崩したことから、一八九五年にロシアに接近した明成皇后（閔妃）の殺害事件が起こる。身の危険を覚えた朝鮮国王が翌年にロシア公使館に避難（「露館播遷」[3]）、その後ロシアが中国東北部、朝鮮半島へと影響力を拡大させていくことになった。日露戦争（一九〇四‐一九〇五年）の日本側の宣戦布告文に大韓帝国の独立の保全が挙げられているが、朝鮮半島における日露の対立構図が、戦争を引き起こす要因となったのである。興味深いことは、戦争の危機にあたって、朝鮮の政府や知識人たちから、中立国構想や、局外中立論が出てきたことである。しかし日露戦争における日本の戦勝により大韓帝国は保護国となりその主権は大幅に制限された。大韓帝国の外交権を剥奪され、さらに内政に至っては、統監府が漢城（ソウル）に設置され、日本人や日本政府の推薦による顧問の意向を伺わなくしては政治をなすことができない「顧問政治」が展開されることとなった。そして初代統監には日本政界の重鎮であった伊藤博文が就任することとなった。

このように朝鮮の政治と国際情勢が混迷を極める中、その一方で王権とアメリカ人宣教師の関係が強化されることとなった。

王権とアメリカ人宣教師が接近する契機となったのは一八八四年一二月の甲申事変である。金玉均が日本の明治維新をモデルにして朝鮮の近代化を企図したクーデターであったが、当時の政治軍事的な力関係からクーデターは文字通り三日天下に終わり、清国ならびに親清の保守勢力により制圧されてしまった。金玉均をはじめとする政変の首謀者らが日本への亡命を余儀なくされた事件である。

日本政府のお雇い外国人の地位にあった李樹廷の要請、ノックス(George W. Knox)とルーミス(Henry Loomis)宣教師の仲介などにより、朝鮮最初のアメリカ人の長老派宣教師が赴任することとなった。長老派のアンダーウッド(Horace G. Underwood)やメソジストの宣教師、アペンゼラー(Henry G. Appenzeller)は甲申政変の混乱から八四年の入国を当初は断念し、翌年四月に朝鮮に入国することとなる。米朝修好通商条約が締結されたのは一八八二年五月であり、医療宣教師アレン(Horace Allen)が公使館付きで家族とともに朝鮮に渡ったのが一八八四年九月であった。甲申事変の騒乱により、王権の重鎮であった閔泳翊が負傷し、その治療に当時、アメリカ公使館付きであった医療宣教師のアレンが携わり、このことが契機となり国王・高宗からの信任を得、このことにより朝鮮初の近代医療機関であった、広恵院(済衆院と改称)が設立されることとなったのである。

以上のような経緯をへて、アメリカ系ミッションは宣教の極初期から、王権内部との深い関係性を構築することが可能となった。この良好な関係性が、一八八五年にメソジストの宣教師アペンゼラーによりミッションスクールの宣教初期に設立され、翌年には人材の育成を意味する培材学堂の扁額を国王から贈られ、認可を受けることに繋がったのである。一八八六年よりスタートしたスクラントン女史(Mary F. Scranton)により設立されたメソジストの女子校も、一八八七年に扁額を送られ、王権の認可により梨花学堂の誕生を見ることとなった。長老派系のアンダーウッド・スクール(貞洞学堂、一九〇五年から儆新学校)も一八八五年に設立を見ている。また長老派系女子校として貞信女学校も設立されていく。教会も同様にアペンゼラーによりメソジストの内里教会が、一八八五年に設立され、最初の長老派系の貞洞教会は一八八七年に設立された。

このようなミッションと王権との密接な関係は、日本の近代とは対照的であるとさえいえる。一八八〇年代に井上毅が主導した鹿鳴館に代表されるような欧化政策（一八八三‐一八八七年）は存在したものの、一八八九年に布告された帝国憲法の告文には「神霊」、「威霊」の文字が踊っている。帝国憲法第三章では「天皇ハ神聖ニシテ侵スヘカラス」とされ、立憲君主制の創設とともに政治権力の中枢は著しい宗教性を帯びることとなる。教育勅語（一八九〇年）においては日本を「皇祖皇宗國」と規定している。このようなことから九〇年代の日本は宗教性を色濃く内包する国家主義の台頭を見ることとなる。

日本におけるミッションスクールの設立に際しても、朝鮮との違いは明らかである。幕末のヘボン塾までその歴史を引き上げた明治学院は別として、明治維新以降の歴史で見ていくと「大学」を廃し、文部省が置かれたのが一八七一年であり、翌年フランスの教育制度を基礎にして、「学制」が公布された。メアリー・キダー（Mary Kidder）によってはじめられたフェリス女学院、ジュリア・カロザース（Julia Carothers）により女子学院の前身のA六番学校が設立されたのが一八七〇年であった。この時期にミッション女子教育の双璧と称される名門校が開校したのは象徴的な意味を持つといえる。すなわち、ミッションスクールは、明治維新直後から国家による公教育との競合関係に入り、その後は、徐々に女子教育に活路を見出すこととなっていくのであった。

先に述べたような日清戦争への道を歩む日本における国家主義の高揚は、自由民権派の一部を国権主義へと変質させていき、(4) さらには「内なる敵」を炙り出していくこととなる。その対象とされたのがキリスト教であった。内村鑑三の「不敬事件」が生起したのが一八九一年であり、これに刺激された井上哲次郎が『宗教ト教育ノ衝突』を記したのは一八九三年である。さらに第二の開国ともいえる「内地雑居」の国際主義を統御しようとした動きが、帝国政府の内部から生じた。外に対しては開放的な姿勢をとりながら、国内では「文部省訓令第一二号」を発し、明治政府はミッションスクールを弾圧し、キリスト教の拡大を警戒したのである。この「教育と宗教の分離」政策は、宗教学校において宗教教育と宗教儀式を禁じるものであり、フランスの教育政策にルーツを持つものである。しかし留意しなければならないのは、民衆が王権を打倒した共和国であったフランス市民社会の目指すところの「公共性」と、大日本帝国憲法下にある日本の「公共性」とは異質なものであるということである。したがって一連のこのことをめぐる論議の中でも、むしろ当時の公教育からその宗教性を除くべきだという植村正久の批判は正鵠を得ており、当時において光彩を放っていると筆者は考える。(5) そして後述することとなるが、この「宗教と教育の分離」政策は、日本統治下にある植民地期朝鮮の教育政策の一つとして援用されることとなる。

先に述べたように日本は明治維新後いち早く政府の教育とミッションの教育との競合関係に入るのであるが、朝鮮は全くそれとは様相を異にしていた。一八八五年にミッションの教育事業が開始されたのであるが、朝鮮政府による科挙の廃止は、甲午改革（一八九四年）によりなされており、政府による近代教育への着手が遅れたことは否めない。科挙の廃止が中華民国創設以降になった清国と同様に、両国の近代教育はミッションの教育事業によって開始されたといっても過言ではない。

朝鮮における宣教の成果は著しく、朝鮮は宣教において「東洋の星」(6) と称されたが、特に朝鮮の西北地方のキリスト教発展が顕著である。中央政界から疎外され、地域差別の対象とされた朝鮮の西北地方は、清国との貿易による商業も活発であり、進取の精神に富む、開明的な地域であった。そして二〇世紀に入ると平壌は世界最大規模級の伝送拠点（ステーション）[7]となり「東洋のエルサレム」とまで称される、朝鮮におけるキリスト教発展の一大中心地となっていったのである。[8]この西北地方の著しいキリスト教発展に着目し、ソウルの伝道拠点からの移籍を申請し、平壌で教育事業を深化させ、体系化を図ったのが長老派宣教師のウイリアム・ベアード（William Baird）であった。教会付属の初等教育は宣教師管轄の下に朝鮮人キリスト者が中心となって担い、中等・高等教育に関しては宣教師が中心となって担うという教育システムを構築し、さらには教師養成の機関をも設立した。このようにベアードは朝鮮人キリスト教指導者の養成を教育目標とした崇実学堂を創設し、メソジストとの連合で崇実大学を設立し、一九〇八年になると崇実連合大学は大韓帝国により認可を受け、朝鮮教育史上初の近代的高等教育機関の設立をみたのである。[9]

さらに朝鮮半島における日本のプレゼンスの強大化が、ミッションスクールをはじめとする私立学校の拡大を招いたという側面がある。日露戦争後の大韓帝国の保護国化の原因は当時の知識人・民衆の実力不足の結果であるとしたことにも留意しなければならない。このことから保護国に転落した大韓帝国の知識人は実力養成論へと傾斜していくこととなる。それは教育救国論と称され、愛国啓蒙運動の中心を担っていくこととなった。この時期の知識人たちは下からの近代的市民の育成を図ったのである。これにより「韓国併合」時には、政府の教育機関をはるかに凌駕する二千を超える私立学校が存在することとなった。朝鮮を植民地化した帝国日本は総督府を設置し、本格的な植民地行政を展開していくこととなるのだが、植民地教育の導入にあたっては、異民族教育という困難性に加えて、日本とは全く異なる教育状況と対峙していかなければならなかったといえる。

この時期はまた権力が義兵を強力に抑え込むなど、武力を背景とした大韓帝国から帝国日本への権力移行期であった。したがって、この時期の宣教政策は権力の移行に対して鋭敏に反応している。長老派宣教本部の海外主事のアーサー・ブラウン（Arthur J. Brown）は日露戦争時には日本を擁護した「親日派」として韓国の歴史叙述では有名ではあるが、資料を精査することから見えてくる彼の姿は、より複雑である。彼は中国宣教をも担当したことから、複雑な政治状況の中から宣教の在り方を模索してきた中心的な人物であった。彼は、まるで親が子供を見るような眼差しでこの時期の日本を擁護するのではあるが、後には革命が起きた際には個々人の宣教師の良心に基づく判断にゆだねるとしている[10]。見方次第では、革命が起きうる状況下に朝鮮はあるというブラウンの認識を示すものとして注目される。他方で「韓国併合」直前には動揺する朝鮮ミッションを統括するためにブラウンは朝鮮に派遣され、朝鮮ミッションに対して政治的中立の堅持と統治権力に対する承認（Royal Recognition）を現地宣教師に説いており[11]、後の「改正私立学校規則」（一九一五年）をめぐる総督府との対応でも、日本の植民地統治の正当性に対しては更なる承認を与えていることは記憶されなければならない。

2 「武断統治」下の「信教の自由」とミッションスクール

西北地方における初等教育から高等教育までの一貫した教育システムの存在は、「韓国併合」後の日本人教育官僚も認めるところであった。その西北地方のキリスト教を弾圧対象としたのが一〇五人事件である。総督府官僚・國友尚謙が事件を捏造し、筋書きを描いた。この事件は「寺内総督暗殺未遂事件」とも称されている。すなわち寺内正毅総督の朝鮮西北地方巡察に際して、長老派の信聖学校の学生、キリスト者、さらには宣教師もこの「暗殺未遂事件」にかかわった、との嫌疑がかけられた。検挙され取り調べを受けた一二二人中、キリスト者がその大半を占めた事件であり。起訴されたものが一〇五人であったので、一〇五人事件と称されている。総督府の最初の弾圧対象が西北地方のキリスト教勢力であったことは、いかに総督府の植民地行政展開において、キリスト教勢力が統治の障害となっていたのかを物語る象徴的な事件であったといえる。[12]アメリカで教育を受けたメソジストのリーダー、尹致昊やアメリカ人宣教師が拳銃を学生に与えたとして、この事件に直接加担したとされたために、これは世界的なイシューへと発展した。資料的に確認できるのは、メソジストの女性連合会が、世界に向けてこの事件を覚える祈祷会の開催を呼び掛けている。[13]この件ではＹＭＣＡの有力者で継続委員会議長のモット（J. R. Mott）、同委員会セクレタリのオーダム（J. H. Oldham）なども動きを見せ、日本の植民地支配の正当性を揺るがしかねない世界の注目を浴びる事件へと発展した。このことに、総督府は早急な対応を迫られ、密かに富士見町教会員の朝鮮大審院長をも務めた法曹界の重鎮・渡辺暢をヨーロッパ・アメリカに派遣したのである。特にニューヨークの長老派本部では海外宣教主事のロバート・スピア（Robert Speer）とジャパン・コミティのメンバーそして渡辺が秘密会合を行っているが、この際に渡辺が宣教師は起訴されないという情報を密かに伝達したのは、資料から見るとほぼ確実である。[14] このようにして総督府は鎮静化に躍起となり、この事件の国際問題化に対して憂慮し、秘密裏に世界的大問題と発展することを阻止しようとしたことが判明している。

また、三・一独立運動（一九一九年）発生直後にも総督府官僚とメソジストと長老派の宣教師が秘密会合をもったことが資料的に明らかになっており、宣教師からの抗議や率直な意見交換がなされ、対応策が検討されるなど、植民地期の宣教師の存在は、世界とつながっていることからも非常に大きかったといえる。[15] 当時の総督府官僚の半井清は総督府内に宗教課ができた目的自体がキリスト教対策であったと回想で明言しており、「朝鮮の政治において最も重要な一つのポイントがクリスト教である[16]」と言及し、その中でも長老派が特に活発であったと述懐している。

一〇五人事件と三・一独立運動の中間期にあたる一九一五年に「改正私立学校規則」をめぐる問題が浮上し、上述した政治的事件とは対照的な、よりキリスト教宣教の根幹を揺るがしかねない「信教の自由」の核心を射抜く問題が生起したことは注目されねばならない。すでに現地長老派宣教師はこの問題では、先達は「信教の自由」のために多くの血を流してきたと述べるなど殉教を辞さない決意で臨んでいる。[17] また実際に宣川の保聖女学校はすでにこの時点で閉校していることから、この「改正私立学校規則」をめぐる問題は、「文化政治」期の総督府とミッションの蜜月時代を経て急浮上した神社参拝の強要をめぐる諸問題と併せて考察しなければならない前史でもあると位置付けられねばならない。
この「改正私立学校規則」は明らかな「文部省訓令第一二号」の焼き直しの植民地政策であった。筆者はキリスト教弾圧のための狡猾な植民地主義の最たるものと考えている。というのは、この「宗教と教育の分離」政策は、宗教学校における宗教教育とキャンパス内での宗教儀礼を禁じるもので、すでに「内地」では実質的には解決を見ていたものである。したがって、朝鮮ミッションと、「文部省訓令第一二号」問題で先頭に立って解決への中心的な役割を果たした明治学院のインブリー（William Imbrie）、井深梶之助と儆新学校校長・クーンズ（E. W. Koons）との交信記録が朝鮮ミッションの宣教関連資料に残っている。[18]
この問題では長老派宣教本部が全面的に直接介入することとなった。これもまた、「文部省訓令第一二号」との折衝方法とは違いを鮮明にする植民地状況を反映したものであったといえよう。統治者と被統治者という構図もしくは統治者と被統治者に同情的な現地長老派宣教師という構図を避けるためであった。このような現地宣教師の微妙な政治的立場性を宣教本部でも明確に意識し、総督府との折衝を先述のブラウンが主導的に担うこととなった。通称「ブラウン資料[19]」に総督府外事局長の小松緑とブラウンとの交渉経緯に関する詳細な記録が残されている。
ブラウンと小松緑の書簡を通じた対話で注目されるのは、ブラウンにはこの政策が総督府のミッションに対する、抗日抵抗勢力としての疑念から生じているという認識があり、ミッションとして、日本による統治の正当性を承認する姿勢を前面に押し出していることである。また一つ近代教育観、ひいては近代観の相克が見られるのは実に興味深い事実である。小松緑はフランスの教育を引き合いに出しながら「宗教と教育の分離」論を主張するのに対して、ブラウンはアメリカの教育学者の見解を紹介しながら、一九一〇年代におけるアメリカは、宗教と教育が分かちがたく結びついているとし、アメリカの私立学校、公立学校・公立大学の実状を詳しく説明している[20]。事実、帝国大学が有力な日本とは違い、ハーバード、プリンストン、ブラウン、イェールなどアメリカの有力大学の数多くが、その起源として神学校から始まっており、初期においては教派大学的な色彩が濃厚であった。

この時期のミッションスクールにおける日本との違いを挙げるとしたら、日本では、長老派、メソジストなどの教派が一致して政府と交渉したのに対して、植民地朝鮮における二大教派であるメソジストと長老派に決定的な亀裂がこの時期に生じたことにある。長老派はメソジストを「メソジストは礼節と公平、そして正義を侵害し、我々を売り飛ばした」とメソジストの対応を痛罵している[21]。突如、培材学堂をはじめとするメソジスト有力校が一斉に、総督府の高等普通学校に転じる方針を採り、礼拝をキャンパス外で行うこととし、植民地教育体制へと組み込まれていった。メソジストの動きとは対照的に、長老派はあくまで、教科として聖書を教え、学内で礼拝をおこなうことに固執した。

先述したように朝鮮ではアメリカと同様に私立学校優位の体制が確立されていた。これに対して総督府は植民地における異民族に対する統治手段として同化を政策の柱にしたのであった。これは朝鮮人を「名実ともに忠良なる帝国臣民たる地位に同化」するもので、「改正私立学校規則」は、この「同化の目的を達成する一段階」に過ぎないとされ[22]、教育は国家（総督府）が担うものとし、キリスト教を教育から分離させ、教会の中に封じ込めることを企図したものといえる。崇実学校のモフェット（Samuel Moffett）は認可拒否の姿勢を示し「宣教の自由を確保するために先達は血を流し殉教したのである」と述べている。また崇実大学学長のベアードもこのような状況に対し「宗教と教育を分離した政府の規則のもとで、これからも学校を運営するのが正しいと思われない。……閉校するほうが望ましい」と総督府との対立を鮮明にしている[23]。総督府と朝鮮ミッションの、「宗教教育の自由」をめぐる対立は未解決の状態で推移していったが、一九年の三・一独立運動により状況は一変したのであった。

総督府が高等普通学校移行への一〇年間のミッションへの猶予期間を設定したことから、この一〇年間を有効利用するために、海外宣教本部を交渉の前面に出し、他方で施設面での充実を図りながら、折衝を継続していたのであったが、三・一独立運動後に、斎藤実総督が着任し、独立絶対阻止いう原則は維持されていたものの、「武断統治」を改正し、よりソフトな「文化政治」が展開されることとなった。この時期、斎藤総督は積極的に宣教師と接触し、エヴィソン（Oliver R. Avison）とクーンズ（E. W. Koons）を私邸に招き、協議し、「内地」でも実施されていた指定学校制度が導入されることとなった[24]。指定学校となれば、宗教教育を維持したままでも、上級学校への進学資格を得ることが可能となることから、北長老派全ミッションスクールで指定学校化が目標とされていったが[25]、このことは両刃の剣でもあり、結果的には教育課程を総督府に合わせることとなり植民地教育制度に編入されていくことに繋がったといえる。

3 神社参拝の強要とミッション

三〇年代になると日中関係の悪化を背景とし、「文化政治」から皇民化政策へと総督府は政策転換を図る。この時期は強力な文化統合が図られ、神社参拝がミッションスクールにも強要されることとなり、「宗教教育の自由」を求めた闘いの末に勝ち取った成果そのものが揺らぎ始めるのであるが、その決定的な契機となったのが、平壌での神社参拝をめぐる事件であった。三五年一一月一四日午前九時に召集された平安南道中等学校校長会議直前に台湾から赴任し、台湾でも神社参拝の強要に関しては実績のあった安武直夫平安南道知事により平壌神社への参拝が伝達されたが、セブンスデイ・アドベンティストの順安義明学校校長・李希萬と崇実中学校校長のマッキューン(George McCune)そして崇義女学校の鄭益成、その他宣教師一名が参拝を拒否した。結果として順安義明学校は妥協するが、崇実学校と崇義女学校は参拝拒否の姿勢を貫いたため、マッキューンは崇実学校・崇実専門学校の校長職を罷免され、また崇義女学校校長代理のスヌーク女史(V. L, Snook)も校長職を剥奪されている。この時、総督府との折衝をへた上で、河野平安南道内務部長名で声明文がだされているが、そこには内地・台湾・朝鮮内の他の地方と比較して神社参拝を拒否する平壌のミッションスクールの特異性に対して遺憾の意が表されている。[26]

このような経緯により、朝鮮ミッションは総督府のもとではもはや教育を継続できないと判断し、後述するように結果的には北長老派ミッションスクール全校の閉校を決断していくこととなる。[27]

「信教の自由」に見られる人権そして市民的自由をめぐる近代の構築におけるアメリカと日本の差異が植民地を舞台に先鋭化され、露呈したのが「皇民化政策」期の神社参拝の強要をめぐる問題であったといえよう。[28] 神社参拝の強要はミッションスクールを端緒としたが、三七年に日中戦争が開始されると参拝強要の頻度が極端に上がる傾向が見られ、そしてそれは各地の教会員さらには教会へも拡大されていった。[29] 結果として朝鮮イエス教長老会は警察の厳重な監視下で三八年九月一〇日に神社参拝を決議し即時神社参拝を自らなしていく事態へとなった。南長老派宣教関連資料群で明らかにされることは、ミッションスクール閉校後ミッションは一時、福音伝道と医療伝道に活路を見出そうとするのであったが、この長老会の神社参拝決議後宣教師は、長老会の権力行使から排除され、また警察の執拗な嫌がらせにより宣教師は徐々に一般教会員との接触にも不自由を伴うような状況に追い込まれていった。それはまさに、宣教師と教会の間にくさびを打つという総督府の目論見が功をなした結果でもあったといえる。[30]

このようなミッションスクールと教会に対する圧力は、ミッションの存在理由を揺るがしかねない「信教の自由」そのものを侵犯する問題としてアメリカ人宣教師の肩に重くのしかかっていった。この神社参拝への対応をめぐって、北長老派宣教師の姿勢の差異がこの時期に顕在化している。総督府は神社参拝を愛国儀礼としたという理由から、学校存続のため、その解釈を受け入れようとするアンダーウッド二世（H. H Underwood）を中心とするグループと、神社参拝に宗教性が認められるとして、徹底的に参拝を拒否し、参拝を強要されるなら閉校をも辞さないとしたホルドクロフト(J. G. Holdcroft)[31]を中心としたグループに分裂した。事実この二人はニューヨークの宣教本部で開催された神社参拝の可否をめぐる聴聞会に呼ばれている。[32]それとともに学校の存続を願い、閉校となれば学校を継承しようとした朝鮮人群像が見受けられる。最終的に、「三崇」と呼ばれる、崇実中学校、崇実専門学校、崇義女学校はミッションの決議に従って閉校されることとなるのであるが、閉校にいたる過程で明らかになったことは、宣教師間の信仰の質の違いであった。学校存続派にはモダニスト的傾向が強く、閉校派にはファンダメンタルな傾向が強かったといえる。[33]このモダニストとファンダメンタリストとの対立の構図は、一九一〇年代の朝鮮に一つのキリスト教大学設立をめぐってソウル支持派とピョンヤン支持派では、「世俗的」と「福音的」という対立を軸として顕在化している。

これを植民地期における総督府の政策とミッションとの軋轢として通時的に見ていくと、「改正私立学校規則」に見られた宗教教育の自由をめぐる問題、また神社参拝の強要をめぐる問題で総督府の政策に非妥協的に抵抗したのは、平壌を中心とした福音主義的でファンダメンタルな傾向を持った宣教師群であったと結論することができる。パーク・カレッジに見られるような、アメリカの一九世紀の厳格なカルビニズム、福音主義的傾向はベアード、モフェット、マッキューン、ホルドクロフトなど崇実またはピョンヤンとのかかわりの深い宣教師たちに継承されていたと考えられる。また、神社参拝問題の発端となったマッキューンそしてホルドクロフトはパーク・カレッジ出身であったのである。[34]しかしこのことは宣教師の信仰的傾向性の問題に終始するものではない。総督府のみならず、帝国日本の近代の構築のあり方そのものと深く関係するものであり、日本の帝国支配の宗教性を逆照射するものでもあろう。

この総督府とミッションの軋轢は四〇年代の日米関係の悪化を背景として、結果的には朝鮮における宣教事業そのものの瓦解へと帰結した。しかし植民地末期までミッションスクールの学校長は主に宣教師が占め、運営に関する実権をミッションが有していたことは特筆されるべきである。これは、徐々に、あるいは政治的理由で現地人校長が実現されていった、日本、中国とも異なり東アジアでは特異な形態であったといえる。この事象は、やはり日本による植民地状況から生み出されたものと考察できよう。それはすなわち植民地支配を相対化しうるミッションの教育空間の存続を、朝鮮人自らが望んだものと考えられるからである。

崇実中学校、崇実専門学校、崇義女学校の廃校申請が正式に受理されたのは、一九三八年三月一九日であった。「三崇」閉校が取沙汰されると、学校継続の嘆願書がニューヨークの宣教本部に送られた。それは平壌のキリスト教指導者のみならず、民族運動家、法律家など数多くの朝鮮人の署名が記載されている。それにも拘らず、ミッションは閉校の道を選択した。存続の声を結果的に無視し、朝鮮人には校名の使用すら認めようとしなかったのであった。「三崇」は朝鮮人に運営が継承されることなく同年三月三一日に廃校されることとなった(35)。廃校の日、朝鮮人そして宣教師は何を思ったのであろうか。平安南道庁の官吏また総督府官吏は何を考えたのであろうか。

結びに代えて

神道は儀礼が中心であって体系的な教義が存在しない。帝国の拡大に伴う「八紘一宇」など天皇制との関係で疑似普遍主義的な言説は見られるが、それはあくまでも天皇中心的な要素を拭うことができない。宗主国と植民地という権力関係の中で、神社参拝を強要し、大衆を動員したが、それは被統治者の内面まで深く浸透したとは到底いえない。朝鮮文壇の巨匠と称される李光洙は香山光郎と改称し、「実生活の日本的改良」を提唱し生活実践として毎朝の禊を欠かさず、東方遥拝を実践し、朝鮮神宮の前を通るときは合掌し拝礼したといわれるが、李光洙は職業的親日派でもあり朝鮮総督府の生活部長の要職にあったからであった。[36]このように一部の植民地エリートが包摂されていった事実は存在するものの、総督府官僚の回想によれば、女子高等普通学校の厠には皇室を誹謗する落書きであふれていたといわれる。[37]在日の作家・金時鐘は済州島の神社参拝において、当時、皇国少年であった金時鐘自身が恥ずかしく思えるくらい、高齢の女性たちの神社参拝様式は、全くのシャーマニズムの延長線上にあった。[38]また総督府は各家庭に神棚の設置を奨励し、大麻を配布したが、キリスト者の家庭では、後に調べに来ることを懸念してそれらを破壊はしなかったものの適当なところにしまい込み、普段は見えないように隠していたという。[39]

ミッションスクールの神社参拝の強要に対する宣教師の対応は北長老派内でも二つに分かれた。それは、宣教師が現地の状況と本国の状況の二重拘束状況にあり、特に、当時の北米におけるファンダメンタリズムの影響を色濃く受けていたといえる。二〇年代まで存続したエヴァンジェリカル・アライアンスのゆるやかで自由な雰囲気は消滅し、あれかこれかを迫られる、宗教状況にあり、反対派のリーダーで反対の急先鋒であったホルドクロフトは、本国に帰国後、ファンダメンタル派の海外宣教本部のセクレタリーに就任している。[40] 他方、神社参拝容認派のリーダーであったアンダーウッドは、容認派ではあったが、その立場は、現地の朝鮮人のために学校を存続するということが第一義であり、神社参拝は宗教的行為ではなく、愛国儀礼であるという総督府の説明を受け入れたに過ぎないとも考えられる。総督府の学務局長渡辺豊日子は、神社に「御霊」（Spirit）は存在しなと学生に指導してもかなわないとさえ譲歩しているからなおさらであった。[41] しかし、マッキューンは参拝に際する、どうしようもなく内心が侵される感覚を払拭できないでいた。[42] この良心が侵食されるという良心の問題がまさに、「信教の自由」の核心であるともいえる。ただ単なる宗教の自由（Freedom of Religion）ではなく、良心の自由としての「信教の自由」（Freedom of Conscience）にかかわる問題であった。総督府官僚の回想記録を見ると、神社参拝の問題を拡大させた平安南道知事・安武直夫が功を焦ったような認識を示しており、[43] 実際この問題で安武は異動を余儀なくされた。また総督府官僚は政治の問題として扱ってくれたならば対応可能であるが、宣教師が良心、良心と騒ぐので対処のしようがなく、最後は公の場所では討議せずとなり、静観せざるを得なかったと証言している。[44] しかしこの総督府官僚の言説は実は深刻な問題を浮き彫りにしているのではなかろうか。すなわち良心に基づく「信教の自由」に対処不能である日本の近代の構築とは一体何であるのかという問題である。

植民地朝鮮において神社が物理的に消滅する方式には二種類存在したようである。一つは、神官自らが、神社から「御霊」を抜き取る宗教儀式（昇魂式）を行い、その後、物理的な建築物としてそれを自ら破壊するという方法であった。もう一つは朝鮮人民衆によって破壊されたという史実である。朝鮮南部では神社が破壊されるのには一月ぐらいかかったようであるが、キリスト教の基盤が強固であった西北部での中國柱の目撃証言であるが、わずか二、三日で神社があっという間に民衆により破壊されたのを目の当りにしたとのことである。(45)

マッキューンが校長を務めた崇実学校は自主的に閉校（「教育引退」）した。日本統治下の状況では、キリスト教教育は継続できないという判断が存在したのである。在学した学生たちは、総督府の学校へ移ることを余儀なくされたのである。このことは学生に多くの負担を強いたことは容易に想像できるが、果たしてこの事態を招いたのは教育を放棄した宣教師たちの責任であろうか、それとも帝国日本への隷属を強いる植民地教育にその責があるのであろうか。宣教師はかつて学生たちでにぎわっていたキャンパスが強風に吹きさらされ荒涼たる風景を呈した事態を日米の開戦を間近にひかえた四一年一〇月に宣教本部に報告している。(46)

1 駒込武『世界史の中の台湾植民地支配―台湾長老教中学校の視座―』岩波書店、二〇一六年。
2 吉馴明子・伊藤彌彦・石井摩耶子編『現人神から大衆天皇制へ―昭和の国体とキリスト教』第9章、渡辺祐子「満洲国におけるキリスト教教育と国民道徳―孔子廟参拝強制をめぐって」、刀水書房、二〇一七年。

3 この時期、国王からの信頼の厚い宣教師は交代で国王を警護し、女性宣教師のレイノルズが国王に供される箱に鍵をかけた食膳を運んだとされる。

4 大井健太郎などによって引き起こされた「大阪事件」は、甲申政変の失敗を受け、朝鮮の改革を主観的には援助しようとし、朝鮮での爆弾テロ事件を計画、それを利用して日本の議会開設に結び付けようとした。進歩的側面と日本中心主義さらには排外主義的な両面を有している。自由民権論者であった本田庸一も、日清・日露で積極的な戦争協力をなした。

5 『福音新報』第２５４号、明治三三年（一九〇〇）年五月九日。

6 W. D. Reynolds, manuscript incomplete, 年月日不詳。

7 W. F. Bull's "Dear Friends" letter, Jan. 15, 1935.

8 Donald N. Clark, Living Dangerously in Korea, (East Bridge, Norwalk, 2003), 116-141.

9 李省展『アメリカ人宣教師と朝鮮の近代』社会評論社、二〇〇六年、第二章参照。

10 立教大学提出博士論文「帝国・近代・植民地そして『信仰』—朝鮮における米国北長老派の教育事業の生成と展開（1885～1945）、二〇一六年三月、一八八頁。

11 同上、一八九頁。

12 筆者は、この事件に関与したとの疑いを受けた者たちにミッションスクールの関係者が多かったことから、キリスト教系の学校教育に対する弾圧でもあったとみている。宣川の信聖学校の教師・生徒が被疑者となったこと、またメソジストのリーダーで学校経営にも関わった尹致昊、実業家からキリスト教学校・五山学校経営者となった李昇薫などが、事件に関わったとされた。

13 Third Annual Report of the Woman's Missionary Council of the Methodist Episcopal Church,

63.
総督府学務局長であった渡辺豊日子は、戦後の回想として、アメリカの女性信徒がセンチメンタルに騒ぎ立てるから日本が朝鮮で暴政を振るっているという非難が降りかかると、女性信徒に関して述懐している。(宮田節子監修「未公開資料 朝鮮総督府関係者 録音記録(14)」『東洋文化研究第15号』学習院大学東洋文化研究所、二〇一三年三月、三三四頁。)

14 Conference with Chief Judge Watanabe, filing date, Dec. 11. 1912. Speer to C. B. McAfee, November 26, 1912.

15 李省展、前掲書、一五五―一七四頁。

16 宮田節子監修「未公開資料 朝鮮総督府関係者 録音記録(17)」『東洋文化研究第18号』学習院大学東洋文化研究所、二〇一六年三月、一九八頁。

17 李省展、前掲書、第三章参照。

18 E. W. Koons to A. J. Brown, Jul. 22, 1916.

19 “Brown Material” 朝鮮ミッションや現地宣教師からの宣教本部主事であるブラウンに宛てた書簡資料ならびにブラウンによって発信された書簡などの宣教関連資料群。

20 A. J. Brown to Komatsu Midori, June 16, 1915.

21 A. J. Brown to C. E. Sharp, April 10, 1916.

22 「朝鮮に於ける教育と宗教」『朝鮮彙報』大正五年(一九一六)、一一頁。

23 W. M. Baird to A. J. Brown, Aprl. 12, 1917.

24 Annual Report of the John D. Wells School, May 31, 1924.

25 総督府は指定学校と認定するために学力面での条件を設け、日本語のテストを含む学力試験をミッションスクールの全生徒に課しており、当時のミッションスクールは指定学校の資格を得るために、放課後夜遅くまで補講を行っている。また教員資格を持った教員が必要とされたことから、教員の入れ替えが進んでいくこととなった。またこの時期に日本人教員の採用増加が見られる。

26 『朝鮮新聞』一九三六年一月一五日。

27 駒込武「朝鮮における神社参拝問題と日米関係」『帝国の戦争経験』岩波講座　アジア太平洋戦争4、岩波書店、二〇〇六年、六八―七八頁。駒込武は、帝国主義諸国の利害状況をふまえながら、神社参拝問題を論じている。

28 李省展『アメリカ人宣教師と朝鮮の近代』社会評論社、二〇〇六年。拙著の第八章と終章においては主にミッションに焦点を当て神社参拝問題を詳論した。帝国のフリンジである台湾、朝鮮などの植民地こそ時に支配の実験場されうるのであり、また帝国支配の特質が植民地に顕著に表われることから、日本の近代史は宗主国と植民地を複眼的に捉えた上で描くことが要請されるといえよう。

29 S. Dwight Winn's "Dear friends" letter, Sept. 18, 1939.

30 Margaret H. Hopper's "Dear Friends" Letter, June 18, 1940.

31 ホルドクロフトはその後、北長老派宣教師を辞しファンダメンタリスト系の独立宣教会本部のセクレタリーに就任している。

32 Minutes of the Foreign Department, August 31st, 1937.

33 李省展、前掲書、二八六、二八七頁にて詳論。

34 マッキューンは一九〇五年に赴任し、ベアードの協力者として尽力し、第四代崇実専門学校校長となっている。崇実大学のモデルが長老派の西部開拓への実験的な大学であったパーク・カレッジであるのも、同大学卒業生のマッキューンの存在が大きかったと推察される。

35 解放後朝鮮半島は南北に分断されたが、朝鮮戦争の悲劇と混乱をへて、アメリカの関与のもと南のソウルで崇実と崇義は再建されている。

36 金石範『転向と親日派』岩波書店、一九九三年、八〇頁。

37 宮田節子監修、前掲未公開資料（14）、二六〇頁。

38 李省展・佐藤由美・芳賀普子「在日コリアン一世の学校経験—金時鐘の場合」『植民地教育史研究年報』第13号、二〇一〇年、参照。

39 宮田節子監修、前掲書、二八〇頁。

40 前掲博士論文、一七九頁。

41 同上、一五三頁。Holdcroft to McAfee, 1935. 12. 18.

42 McCune to H. E. N. Yasutake, Jan. 13, 1936.

43 宮田節子監修、前掲資料、三二七頁。

44 宮田節子監修、前掲未公開資料（17）、二六五頁。

45 宮田節子監修、前掲未公開資料、（14）、二七九、二八〇頁。

46 R. O. Reiner to J. L. Hooper, Oct. 11, 1941.

戦時期台湾におけるキリスト教徒の「内面」を問う

髙井ヘラー由紀

はじめに――錯綜する歴史的現実を解きほぐす

十五年戦争期、日本のキリスト教は近代宣教開始以来はじめて、「敵性宗教」として日本社会においてあからさまに白眼視される状況に置かれました。「臣民の義務」を果たす限りにおいて明治憲法によって保証される「信教の自由」という法的後ろ盾があるとはいえ、下手すれば教会が潰されるかもしれないという危機感の中、日本の教会指導者は多かれ少なかれ戦時期の政府の要求に積極的に協力あるいは妥協をすることで、軍国主義の時代を乗り切ったといえます。戦時期台湾における日本人キリスト教徒の言動も、大方においてこのような論理で説明することができます。

しかし戦後になって、日本の教会は守るべき一線を超えて国策としての戦争に加担してしまったのではないか、という反省が生まれ、戦前の歴史を批判的に検証する作業が行われてきました。そして、そのような検証作業においては、しばしば日本の教会指導者が「抵抗」することなく「協力」あるいは「妥協」してしまった側面や、植民地や占領地現地のキリスト教徒が「抵抗」した側面が強調される傾向がありました。しかし、戦後七〇年以上が経過した今日、私たちは実際には色々な要素が複雑に絡んでいる歴史的現実、とりわけ表面的な言動の奥にある内面的思考や行動原理といったものを、少しずつ解きほぐす段階に来ているといえます。

「抵抗 vs. 協力」に当てはまらない台湾キリスト教史のナラティブ

ところで、戦時期の台湾キリスト教に関する叙述には、日本キリスト教史や韓国キリスト教史のように、「抵抗」か「協力」か、といった二項対立的な問題設定はほとんど見られません。台湾キリスト教史に関する代表的文献といえる『台湾基督長老教会百年史』（一九六五年、以下『百年史』）でも、台湾教会が受けたさまざまな困難についての叙述や日本人教会関係者への一定の批判はありますが、教会あるいは特定の人物が軍国主義に協力したか抵抗したかは問題とされていません。これは、当時の台湾教会が、日本による植民地支配、神社参拝の強要、神棚設置、礼拝前の国民儀礼に対する「拒否」あるいは「抵抗」をほとんどしなかったためと思われます。それでは、なぜいわゆる「抵抗」のケースがほとんどなかったのでしょうか。

通常、「抵抗」の行為は、政治的要因（植民地支配に対する民族的、国家主義的抵抗）と信仰的要因（天皇崇拝を偶像崇拝とみなし拒否する、などの宗教的動機に基づく抵抗）の双方が組み合わさることで強められるものです。しかし台湾では国家的アイデンティティの形成時期が遅かったこと、キリスト教徒は日本統治の到来を歓迎した側にあったこと、また西洋宣教師が政治運動を奨励しなかったなどの理由により、キリスト教徒の植民地統治に対する政治的抵抗運動は、エリート青年層を除いてほとんどありませんでした。信仰面で神社参拝や国民儀礼に問題を感じていた伝道者はいましたが、西洋宣教師が「神社は宗教にあらず」との政府見解を受け入れた日本基督教連盟の決定に従ったことで、信仰者として主体的に抵抗する気運も封じ込められていました。教会は大方において未だ受動的で、主体的に抵抗する段階に至っていなかったと説明できます。

付け加えるならば、台湾長老教会は一九七〇年代以降、国民党による圧政に対して危険を冒して抵抗せざるを得ない状況に追い込まれ、同教会内の「親国民党」一派や「親国民党」派の他教会より批判されるという経験をしました。「抵抗か協力か」は、戦時期ではなく、戦後の国民党に対する台湾長老教会の闘いの文脈でこそ問われた事柄だったのです。

台湾キリスト教史研究における主要なナラティブ

それでは、台湾キリスト教史において戦時期はどのように語られてきたのでしょうか。

第一に、「戦時期の台湾教会はどのような困難に直面したか」「日本の軍国主義は台湾教会およびキリスト教徒にとって、いかに屈辱的な経験をもたらしたか」といった、軍国主義の不合理性と台湾教会の被害者性とを前提とした語りです。いわば「被害者ナラティブ」といえましょう。これは、上記の『百年史』に代表される関係者自身の叙述に多く見られる語りです。たとえば、校長を日本人に替えて政府の認可を得た台南長老中学校のケース、反対に校長を日本人に替えずに閉校することを選んだ台南神学院のケース、さらに台北州に接収された淡水中学および女学校のケースなど、状況や展開は異なりますが、基本的にはいずれも軍国主義の被害者として理解されています。神社参拝に仕方なく応じた、錬成会に参加させられたなどの行為は「妥協」ではなく、押し付けられた「屈辱的な経験」として叙述されています。

第二に、戦時期にミッションスクールを舞台とする神社参拝問題を扱った研究に見られる、軍国主義とキリスト教の衝突、というナラティブです。最も早い時期の研究としては、査時傑「皇民化運動下的台湾長老教会——以南北教会学校神社参拝為例」（一九八四年）、それを発展させた査忻『旭日旗下的十字架——一九三〇年代以降日本軍国主義興起下的台湾基督長老教会学校』（二〇〇七年）、そして最も新しい研究として駒込武『世界史のなかの台湾植民地支配——台南長老教中学校からの視座』（二〇一五年）、があります。いずれも学術的な歴史研究ですが、中でも駒込氏の研究は「軍国主義（日本植民地主義）vs.キリスト教（台湾教会および西洋宣教師）」という二項対立から、キリスト教と植民地主義双方を体現する西洋宣教師の存在を抽出させることにより、より重層的な視点を提供した興味深い研究となっています。

第三に、日本側を代表する「反省」ナラティブです。これは日本基督教台湾教団の成立をめぐる諸問題を取り扱った戒能信夫の「日本基督教台湾教団成立の問題点」（『共に悩み共に喜ぶ—日本基督教団と台湾基督長老教会の協約締結のために—』、一九八四年）から始まり、髙井ヘラー由紀「日本統治下台湾における台日プロテスタント教会の『合同』問題」（『キリスト教史学』、二〇〇五年）の流れで追求されてきた、反省意識から台湾の教会に対する日本の教会の過ちの内実を見極めようとするアプローチです。

そして最後に、若手研究者の盧啟明『傳道報國——日治末期臺灣基督徒的身分認同（一九三七—一九四五）』（二〇一七年）に代表される「アイデンティティ」ナラティブです。近年の台湾研究では「エスニシティ」や「アイデンティティ」の検討が重要視されていますが、この研究では『台湾教会公報』（台湾長老教会機関紙）紙上で「伝道報国」（伝道を通して国に報いる）というスローガンがさかんに唱えられていたことに着目し、戦時期の台湾人キリスト教徒が「皇国臣民」「台湾住民」「キリスト教徒」など何重ものアイデンティティを有していた点を論じています。

神社参拝から「日本基督教台湾教団」成立へ

戦時期台湾キリスト教の研究においてこれまで典型的に焦点となってきた事柄は、いわゆる神社参拝問題（一九三〇年代前半）と「日本基督教台湾教団」の成立（一九四四年）です。キリスト教と軍国主義体制の緊張関係がもっとも可視的に現れた出来事だったからでしょう。

奥平康弘（二〇〇七）によると、日本本国における神社参拝拒否事件は一九二〇年代を通じて発生していましたが、ピークは一九二〇年代末および一九三〇年代初めでした。台湾のケースは駒込武（二〇一五）が詳しく論じていますが、一九三三年一二月、台南長老教中学校の理事長である林茂生が生徒を神社参拝に連れて行くことを拒否したとの言いがかりをきっかけに、台南長老教中学校への排撃運動が発生しました。結果、林は理事長退任に追い込まれ、校長も英国人宣教師から退役海軍大将である日本人キリスト教徒に交替したのですが、皮肉にも、台南長老教中学校はそれと引きかえに宿願だった中学校認可を取得しています。対照的に、排撃運動の次のターゲットになった台湾北部の淡水中学および淡水女学校は、当局による接収の憂き目に遭いました。

帝国日本各地において飛び火しながら展開した排撃運動の目的は、神社参拝拒否者を強制的に参拝させることというよりは、拒否が意味するところのキリスト教の「非愛国」性を排除すること、とりわけ植民地や占領地においては西洋宣教師による影響を排除することでした。したがって、台湾におけるキリスト教もこれ以降、西洋宣教師の影響力をミッションスクールや教会から極力排除することと、「愛国心」を涵養する意思を明確にすることに専心するようになります。また神社参拝をはじめ、一連の国民儀礼を抵抗せずに実施することによって、体制への完全な服従の意思を明確にするようになります。無論、キリスト教がこのようにできるようになった背景には、「神社は宗教にあらず」との政府見解を受け入れた日本基督教連盟の決定がありました。

この段階を経て、帝国日本は全体主義の時代を迎えます。台湾では、国民精神総動員運動に呼応して「皇民化運動」が実施され、その後の大政翼賛運動に呼応して「皇民奉公会」が新体制を担う組織として設立されました。

日本基督教連盟は国民精神総動員中央連盟に加盟した際、「世界平和」や「人類愛」を唱えるキリスト教はあまりにも「日本精神と距たりがある」と指摘されました。「皇國日本の理想宣揚、擧國一致、基督教運動の革新強化等綱領を掲げる」ようになったのはその指摘に応えるためであったことを、原誠（二〇〇五）は説明しています。「世界平和」や「人類愛」の精神を犠牲にしてでも「日本精神」を尊ぶパフォーマンスをすることは、神社参拝問題で「非愛国的」と非難されたキリスト教徒にとって、汚名返上のために必要な条件でした。

国民精神総動員中央連盟の意向は、日本基督教連盟を通して植民地台湾の日本人キリスト教徒にも下達され、これらの日本人キリスト教徒の主導により、台湾キリスト教界でも皇民化運動に呼応すべく全台湾基督教奉仕会が設立されました（一九三七年八月六日）。この組織には、真耶蘇教会以外の全台湾プロテスタント教会、台湾ＹＭＣＡ、そして基督教婦人矯風會が加入し、戦死した兵士の遺族や傷病兵とその家族の慰問、陸軍および海軍のための資金集めなどを通して、「愛国的」かつキリスト教的な戦時期の社会奉仕に従事しました。しかし五年後には、あらゆる住民をコントロールする翼賛体制の下に台湾基督教奉公会が設立され（一九四二年八月）、全プロテスタント教会、カトリック教会、台湾ＹＭＣＡ、全基督教婦人組織が傘下に入るにいたって、戦争のための動員と奉仕以外の目的は失われていきます。

これらの段階を経て、植民地台湾では最終的に一九四四年四月二九日、在台日本人プロテスタント教会および南北台湾長老教会の合同教団である「日本基督教台湾教団（以下、台湾教団）」が成立します。

「日本基督教台湾教団」成立の問題点

一九四一年一二月に日本本国で日本基督教団が設立されたのち、帝国日本の各植民地および占領地において、同様の合同教団が当局と日本人教職者の主導の下に設立されていきました。一九四二年一〇月に華北中華基督教団、一九四三年二月に南京中華基督教団、一九四二年六月に満洲基督教会、一九四四年四月に台湾教団、一九四五年七月に日本基督教朝鮮教団が設立され、その他の占領地域でも合同教会の設立が画策されました。この背後には帝国規模の宗教政策があったと考えられますが、不明な点が多く、今後の研究の展開が待たれるところです。

台湾教団もまた、行政の指導および日本人教職者による強引な主導の下に成立しましたが、「非常時」とはいえ、そのプロセスは台湾教会側に強い不信感を与えるものでした。これについてもっとも手厳しく批判している台湾側の資料は、当時南部長老教会の大会議長だった楊士養《イウスーヨン》による『南台教会史』（一九五三年）です。

この本の中で楊士養はいくつかの問題点を指摘しています。第一に、南北台湾長老教会は、淡水中学および女学校を州当局に接収された一九三〇年代半ば以降、危機感から日本基督教連盟加入や日本基督教会との連携を数年間にわたって求めました。しかしそれは主に南北教会が合同していないとの理由で聞き入れられませんでした。第二に、南北台湾長老教会は台湾教団成立より一年少し前の一九四三年二月、台北日本基督教会（幸町教会）牧師上與二郎に「仕向けられ」、多大な時間と労力と金銭をかけて南北教会合同を実現させせました。ところが、間もなく日本人教会との合同に向けて準備するよう命じられ、それについて何の説明も与えられませんでした。対照的に、北部大会議長の陳溪圳《タンケーツン》は南北合同が日本人教会との合同教団設立の前段階であることを知っていました。陳溪圳は台北において開催されていた「内台信徒交わりの会」の常連であり、上與二郎などの日本人キリスト教徒と親しい仲でした。戦後は親国民党の立場に転じた、すこぶる評価の難しい人物ですが、その「内面」を垣間見ることのできる資料は、筆者の知る限り一切残されていません。第三に、合同教団設立に向けた台湾教会の話し合いは難航し、この合同を日本人による「侵略」とみなした南部教会は日本人に教会財産を奪われることを恐れて数ヶ所の土地家屋を処分しました。すると上與二郎は楊士養らを呼び出し、残っている全ての教会財産登記書類を渡すよう、「警察」のように高圧的に命じました。楊士養は「結局、彼らに呑み込まれてしまった。一九四四年四月二九日……台湾長老教会は日本人に取られてしまったのだ」と苦々しく述べています。そして最後に、台湾教団を設立する際、在台日本人教会は台湾教会からの強い要請にもかかわらず、日本基督教団から籍を抜かず、「二重教会籍」に固執しました。

日本人教職者の「内面」

なぜ、このように台湾教会教職者の気持ちを完全に踏みにじるような方法で、台湾教団が設立されなければならなかったのでしょうか。ここでは、上述の戒能信生による論文「日本基督教台湾教団成立の問題点」および筆者の博士論文「日本統治下台湾における日本人プロテスタント教会史研究（一八九五―一九四五）」（二〇〇三年）より、日本人教職者たちの内面に焦点を当てて考察を深めてみたいと思います。

まず台湾人教職者による批判の的となった「二重教会籍」に関しては、統理だった上與二郎が晩年、「私が教会の二重籍などという問題を容認するはずがない」と戒能信生の質問に対して明確に否定しています。しかし筆者が入手した資料の中には、元台北日本組合基督教会（台北明石町教会）牧師の塚原要が、一九六七年の時点で台湾教団成立について話した証言の録音とテープ起こし原稿があり、その中で、塚原要は二重教会籍が意図的であったこととその経緯とを詳細に語っています。

それによると、一九四三年一月、日本人教職者四―五名がキリスト教徒である台湾総督府文教局長の西村高兄に呼び出され、台湾長老教会を軍部から守るのは日本人教職者の責任である、絶対に潰させてはいけない、と言われたというのです。合同教団の設立はこの段階で前提だったと思われます。そこで日本人教職者たちは台湾教会を軍部の手から守るために、あえて日本人教会の籍を日本基督教団から抜かずに、台湾教会と合同して台湾教団を設立することにした。それによって、仮に軍部が台湾教団を潰そうとしても、在台日本人教会が所属している日本基督教団を巻き込むことになるため、容易には潰せなくなると考えた。つまり台湾教会を守るため意図的に「二重教会籍」を保ち続けたのである、と説明されています。塚原はさらに、軍部がキリスト教を潰そうとしているなどと台湾人教職者に伝えたら「（宣教師とのつながりを通して）世界に伝わってしまう」ため、日本人教職者が台湾人教職者に自分たちの計画を伝えることは絶対にできなかったのだ、と説明しています。

「軍部がキリスト教を潰そうとしていた」というのは重要な発言です。実際、塚原は、一九四二年に台北に就任してまもなく、憲兵が突然教会に来て、「台湾長老教会を潰す……日本の今の戦争時下における国体に合わないから潰す」と言い放ったこと、そして台湾教団成立後に同じ憲兵が再び来て、「貴方がたはいらんことをするからとうとう、手がつけられなくなった」と言った、とも述べています。同様の噂（軍部は南部教会教職者のブラックリストを作成しており、全員殺そうとしていた、など）が一部の台湾教会関係者の間でも共有されていたことから、この点は今後追究されるべき問題でしょう。いずれにしても、塚原は、日本人教職者が高圧的な態度に出てでも台湾教団を成立させ、二重教会籍を保ち続けたことで「［台湾教会が］助かった」のである、と理解しています。

では台湾教会側に最も強い不信感を与えた上與二郎は、自らの言動をどのようにとらえていたのでしょうか。在台日本人教職者の中でも、上與二郎は最も評価の分かれる人物です。上與二郎は楊士養が述べたような悪印象を一部の台湾人教職者の間に残しましたが、戦時中でも堅実に聖書に基づく説教を行い、当時の信徒によれば軍国主義に迎合することなく、その学識と人柄ゆえに周囲からは深く慕われ尊敬されていました。一九三一年の「満洲事変」勃発以降、台湾長老教会教職者にかけられるようになったスパイ容疑を晴らすため、拘留された牧師の釈放を官庁や軍部関係者に陳情、交渉するなどの「救済」活動にも奔走しています。この働きを助けるために上與二郎から特別に依頼された萱島泉は、本人も憲兵隊に留置されたり、家宅捜査を受けたり、拷問などの目に遭ったことを回想（一九八九）に記しています。その中で、陳渓圳を訪問するたびに、「もし、上與二郎先生がいなかったら、我々の仲間で無実の罪にどれだけ多くの人が泣いたかしれない。上先生は我々の恩人である。先生が勇敢に、しかも粘り強く折衝して下さった結果、多数の者が釈放され、伝道の業に復帰することが出来たのである。台湾のキリスト者は、上先生の働きを忘れてはならない」という言葉を聞いたことを書き残しています。

塚原も上述の証言の中で、特高警察に目をつけられた長老教会からの連絡を受けると、台北メソヂスト教会（昭和町教会）牧師の中森幾之進と共に、台湾人教職者や信者に代わって特高の質問に答えるために教会を回り、キリスト教教職者を集めて行われた「錬成会」でも、「何も解らない」台湾人教職者がひどい仕打ちを受けることがないようにと「守る」意識でいた、と述べています。

一方、教団統理をつとめた上與二郎は、台湾教団に関しては一言も公に話したり書いたりしていません。戦時期、台湾教団を強引に成立させ、戦時中から戦後にかけて台湾教会の非難を一手に引き受けたその心情は、塚原とは比較にならないほど複雑だったのではないかと考えられます。以下、日本基督教団に関する上與二郎の発言からその内面を推測してみます。

一九四三年二月二五日、上與二郎は、台湾長老教会南北合一総会において、次のように式辞の中で話しています（『台湾基督教会報』第四号）。

> ……日本基督教団は……神の摂理によって成立したものである。強制的に合同させられるのではなく必然的であり、祈祷によって出来たものであります。内地教会の動き、朝鮮の動き、

台湾教会の動きを直感して皆時代を待たずして一歩先に進んでゐるのであります。吾々は小さい事にこだはらず大きい目標に向かつて進み、立派な指導者となつて活動すべきものであります。……（傍点引用者）

「日本基督教団は……神の摂理によつて成立したもの」とありますが、戒能信生が指摘するように、上與二郎は本来、「合同教会の教会観の不明確さ、信仰告白のあいまいさを鋭く指摘して最後まで合同に反対した有名な一人」、つまり日本基督教団の設立に反対した人物でした。戦後も次のような文章を書いています（「日本基督教団の由来」『道標』第一号、一九五二年『神の家族』（一九八九）に転載）。

日本基督教団はいわゆる大東亜戦争の所産であります。……三七の大小の教派は遂にこれ（＝軍の誘致と奸策と圧迫）に屈して、自発的合同の体裁を整えて、統制に応じました。これが日本基督教団です。……（中略）

日本には多くの教派が一つとなるようにと祈っていた者、画策していた者はいくらかありました。……しかし教団が成立するには軍の圧迫、文部省の強力な干渉、民間のある方面の攻撃が与って大きい力であったことも事実であります。……教会の合同を祈った人たちは、軍が教会を圧迫し、その主体性を奪って日本基督教団が出来たことを、彼らの祈りが聞かれたこととして神に感謝するのであろうか。軍の圧迫があって日本の教会は合同せざるをえないとは、当時日本基督教会の諸会合を指導した人の素ぶりであらわし、また時に言明したことであります。それを今になって、教団の成立は教会の自発的行為であって、そこには外部からの干渉はなかったという者があるならば、その人は白々しい嘘をいっているのであります。そうでなければあの当時、合同に導くために嘘をいったのであります。

われわれは嘘をいってはならない。教会の大事を決定する場合には特にそうです。……（傍点引用者）

すると、一九四三年の段階で「日本基督教団は……神の摂理によつて成立したもの」と述べたのは、何だったのでしょうか。あるいは当局も立ち会う場所で、台湾教会を守るためにつかなければならなかった「嘘」だったのかもしれません。上は続けて書きます。

われわれには己の過去を美化し、己の国の歴史を美化しようとする傾向があります。これは利己心であるから警戒しなければなりません。この利己心の結果は恐ろしいものです。破壊作用をもって現れて来ます。己を破壊し、他人を破壊し、自他の属する団体を破壊します。現に教団は自壊作用を起こしてばらばらになっているではありませんか。……これは合同の準備の出来ていない教派を無理に合同せしめた結果です。妥協できない信仰を圧迫して妥協させた結果です。日本の教会は、その蒔いた悪の種子を今刈り取りつつあることを深く記憶しなければなりません。（傍点引用者）

これほど日本基督教団を鋭く批判できるということは、逆に自身が台湾教団の成立は全く別次元の事柄であったととらえていることを物語っているのかもしれません。あるいは、日本基督教団の成立は完全に外的圧力に屈した結果であったのに対して、台湾教団は外的圧力に逆らって成立したとの認識があったのでしょうか。上與二郎は日本の「敗戦」を早くから予想していた、とある信徒が回想していることから、台湾教団の設立は非常事態において台湾教会を守るための一時的な方策以上のものではない、と考えていたのかもしれません。そうすると、一時しのぎの方策として無理矢理に成立させた台湾教団が日本の敗戦と共に解散したように、日本基督教団も解散すべきだったと暗示しているのでしょうか。

日本人キリスト教徒と台湾キリスト教徒の「報国」意識

このように日本人教職者の内面をいくらかでも推し量っていくとき、「反省」という感情はそこにはまったく見られないことがわかります。彼らにとっての正当性の根拠とは、軍国主義の嵐の中で台湾教会を「守る」ことができた、その一点に尽きるといえましょう。このような意識の背後には、三〇〇年以上も前の徳川政権期にキリスト教が「国害」や「邪教」としての烙印を押されて消滅させられた、その二の舞を踏んではならない、という明治初期以来の日本人キリスト教徒に特有なメンタリティーがあったのではないでしょうか。

山口陽一（二〇〇五）は近代日本のキリスト教を「報国のキリスト教」というキーワードで表現しています。近代日本のキリスト教徒は、キリスト教は「文明的宗教」であって近代明治国家の発展に寄与するはずだと確信する一方、天皇を絶対的前提とする「国体」に忠誠を尽くすことは突き詰めればキリスト教信仰の論理と対立するという矛盾を、常に内側に抱えた存在でした。キリスト教に対する嫌悪感が色濃く残っていた近代日本の社会で、「国害」としてのキリスト教のイメージを払拭し、「報国」の宗教であることを立証しなければなりませんでした。また、法的にも、キリスト教徒は「臣民」の「義務」を果たす限りにおいて信教の自由を享受することができる、という仕組みになっていました（帝国日本憲法第二八条）。つまり、キリスト教が近代日本社会において市民権を得るためには、「報国」の宗教であることは社会的にも法的にも絶対条件でした。そうしなければ再び「国害」とレッテルを貼られ、法に守られることなく潰されてしまうかもしれない、そのような意識が日本人キリスト教徒の精神構造に根を下ろしていたと指摘できます。

神社参拝問題から台湾教団成立にいたるまでの日本人キリスト教徒の行動原理の背後にあったのも、この「報国」意識でした。どれほど気違いじみた軍事国家でも「国に報いる」という姿勢、と同時に国に潰されるかもしれない危機に直面している教会を守らなければという日本人特有の責任感を、台湾教会にそのままを投影させた結果としての、有無を言わせない台湾教団設立、そして「二重教会籍」だったのでしょう。

しかし、このような「報国」意識は、歴史や文化を共有していない植民地や占領地現地のキリスト教徒たちには、当然、共有されませんでした。台湾人教職者の多くが日本人教職者の行動に強い不信感を抱いたのはそのためです。それでは、先に紹介した盧啟明の研究で取り上げられている、台湾人キリスト教徒の唱えた「伝道報国」とは何だったのでしょうか。

この点については、たとえば潘道榮《ポァトーイン》の書いた記事「伝道報国［Thoân-tō Pò-kok］」（『教会公報』第六七七期（一九四一年八月））を読むと、タイトルとは裏腹に、「報国」という言葉は一度しか使われておらず、実際の内容は単に伝道を奨励しているだけのものになっています。

> 今日の伝道者、信者の皆さん、もしもまだ伝道によって国に報いていないならば［＝報国］、その機会は永遠に訪れないでしょう！「福音を伝えよ、福音を伝えよ、伝えなければ災いだ——我々の同胞は日々滅びていく、聴くことによって救われるのだ」。しかしどのように伝道したらいいのでしょう？（翻訳引用者）

これ以下は具体的な伝道の方策が述べられているだけで、「報国」は明らかにおまけの言葉でしかありません。ただし、伝道方策の一つに挙げられている「文書伝道」中、伝道のために発行されている小冊子「生命誌」の紹介があり、その項目の中には「人間の価値」「永遠の命」「基督教の中心」などの純粋に信仰的な内容に混ざって、確かに「新体制と基督教」「興亜と基督教」などのテーマも入っています。しかし「皇国」や「臣民」といったタームはまったく見当たりません。

回想録に見られる台湾人キリスト教徒の「内面」

確かに戦時期の台湾人キリスト教徒には、「皇国臣民」としてのアイデンティティが外側から付与されていたでしょう。しかし、それが内面的なアイデンティティでなかったことは明らかです。終戦時に二〇歳以下だった世代の台湾人キリスト教徒数名に筆者がインタビューした経験では、軍歌を懐かしんで口ずさむような日本びいきの人でも、「天皇陛下への思慕はありましたか?」と尋ねると、「全くなかった」とはっきり回答しています。幼少時から軍事教育を受け、「皇国主義」に最も洗脳されているはずの世代でも、「臣民」意識は外側から付与された以上のものではありませんでした。それならばなおさら、一世代前の台湾教会指導者たちが唱えていた「伝道報国」とは、日本人の持つ「報国」意識とは全く無縁のものであったでしょう。

付け加えるならば、植民地台湾には言論の自由がなく、『教会公報』をはじめ印刷物には検閲がかかっていました。戦時期に検閲がより厳しくなっていたことを考えると、時局に合わせて論調が国体賛美に向かって行ったのは当然であり、それは彼らの本音からは程遠い、検閲を通すためのリップサービスだったと考えるべきでしょう。

そうすると、台湾人キリスト教徒の「本音」とは何だったのでしょうか。同時代の資料から本音を読み取ることが難しいため、筆者は回想資料からそのヒントを得られないかと多数の台湾人キリスト教徒による回想録や回想文を調査しましたが、当時の彼らが「内面」において何を感じていたかを表現している資料は非常に稀です。その中で李嘉嵩《リカシオン》（一九一四―一九七八）による回想録『一百年来』（原版一九七九年出版）は、例外的に日本植民地主義および軍国主義の中で苦悩する青年の心情が言葉にされている貴重な資料です。

李嘉嵩は伝道師李崑玉《リクンギョク》の家に生まれ育ち、台湾南部の善化公学校、新市公学校、土庫公学校を経て台南長老教中学予科および本科で学びました。病のため關仔嶺で一時療養中、台湾自治運動指導者であった林献堂《リムヘントン》の長男林攀龍《リムパンリオン》らが発足させた文化啓蒙運動「一新会」の活動に参加しています。このことからもわかるように、民族自決思想の強い感化を受けた青年でした。一九三六年、奨学金を得て内地に渡り、京都両洋中学を経て一九三七年より日本神学校で学びました。一九四二年の卒業後は台湾に戻り、伝道師として員林教会に派遣されます。牧師の資格を取得したのちに結婚し、一九四四年七月に二水教会に転任、そこで終戦を迎えました。先に言及した台湾人教職者たちからは二〇年ほど若い世代になります。

李嘉嵩が内面的な事柄について詳しく書き残しているのは、戦時期では内地留学時代の部分です。以下、少し長くなりますが、第五章「戦争中」より一部を引用してみたいと思います。

神学院在学中に私を悩ませた事柄の一つは戦争の問題であって、日本の各界がこの問題で非常に沸き返っていた。いわゆる「暴支膺懲」「大東亜共栄圏建設」「全体主義」「非常事態性」など、さまざまな新しい標語が次々と登場し、各種の新しい運動がそれに伴って起こってきた。私の記憶では、入学後まもないある日、校長が特別に私たち七―八名の台湾出身学生をお茶に誘ってくれたことがあった。台湾にいた時から、日本人キリスト教徒が台湾人の受けている政治的差別待遇に対して同情的であるということや、台湾人の民権平等を求める運動が日本人キリスト教徒の協力を受けたものであったことをしばしば聞いていた。そのため私は、台湾で感じている不平等な待遇について説明した。校長が親身になって同情や慰めや励ましの言葉をかけてくれるだろうと思ったのである。しかし校長の回答は私の期待したものとはかけ離れており、こんな調子であった。「そんな話は既に聞いている。権利とか、責任とか、そんなことについてとやかく言う前に、自分を鍛えて真の国民になることの方が先だろう？」この言葉を聞いたとき、私はあえて彼と議論しようとはせず、以前に聞いたことを訂正する必要があるとだけ考えた。もちろん校長の話にはそれなりの道理がある。ある国の国民になるためには、誠心誠意国家の建設に協力しなくてはならない。平等の権利や待遇を求めるだけでは、このような態度とはいえない。そこで私は、校長の目が台湾人民の心理をそのように見ていることに対してどう応えるべきかを考え始めた。彼は教師として私の発言に対して当然のことを答えたのである。したがって私は心の中でこのように決めた。「よし。日本人の統治が不平等であっても、そのことをもう話題にはすまい。かわりに、結局は台湾人も日本人と心を合わせて『国家』のために協力しようとしていることを示そうじゃないか。そして日本人がいつか自分たちが間違っていることに気付いて、彼らの政策ややり方を変えることができるかどうか見てやろうじゃないか。」それで、その日は拒絶されたが、先生への尊敬を保ち続け、日本人が言うところの「一視同仁」を台湾が見る日が来ることを望み続けようと決めたのである。

日中戦争が勃発し、各方面で議論が紛糾したが定まるところなく、神学生は博愛主義的キリスト教徒であったため、世俗一般と同じく「天に代わりて不義を打つ」を口々に歌っていた。この歌は甲午戦争および日露戦争当時から盛んに歌われるようになっていた。日本人は先の二つの戦争で勝利していたため、再び戦争が勃発したいま、不義の徒を討つ日本に天佑が勝利を与えるに違いないと日本全体が妄想しており、出征や壮行式のたびにそのような歌が歌われたのである。このような情勢において、一日本国民の立場に立って、聖書の真理や戦争の諸問題について日本人と論じることは、反日的反戦的見解を播き散らすことにほかならなかった。このような心理的葛藤は、当時日本に滞在していた多くの台湾人がいずれも抱えていた共通の感覚だったのではないかと思う。

もともと一台湾人としての強い意識を有していることに葛藤を感じていた私であったが、今や植民地統治下の一キリスト教徒として日本軍国主義下でさまざまな不義が曲解され粉飾されていることが、精神的に深い悩みの種になった。日本政府は中国侵略戦争を「聖戦」と美化していたが、多くの病的で心ない日本のキリスト教徒が追随してそれを「解放十字軍」と呼び、中国侵略や中国人民を蹂躙する行為を鼓舞していた。私は学校や宿舎のみならず教会においても聞くこのような言葉に心を痛め、常に眉をひそめていた。（中略）

……しかし、眉をひそめた苦悩の表情の下に、一人の植民地統治下の国民の精神的感情があるとは、クラスメートたちにわかる由もなかった。おそらく当時の台湾人キリスト教徒の学徒たちは、皆このような困難な情況にあって旧約聖書の預言者エレミヤやエゼキエルの経験を体感し、私の気持ちにも共鳴してくれたに違いない。(翻訳引用者)

この文章から読み取れる「内面」とは何でしょうか。それは、植民地台湾における差別の現実に対する憤り、日本人は変わってくれるのではないかという一抹の期待、同時にいや変わってくれないだろう、という絶望感に揺れる青年の心情です。「一視同仁」「内台融和」「内台一如」など、台湾人を日本人と同等に扱うという表向きのスローガンとは裏腹に、台湾人があらゆる面で差別を被っている現実を、青年世代の台湾人は日常的に経験しており、やるせなさを感じていました。「文脈化神学(Contextual Theology)」提唱者の黄《ン》彰輝《ジョンフィ》(Shoki Coe)も、そのような心情を「m-kam-goan 呣甘願(あるいはm-goan 呣願)」(どうしようもないやるせなさ)という台湾語で表現しています。

この絶望感を引き起こしたのは、日中戦争に対する日本人の態度です。漢族系台湾人の多くは中国を「祖国」と感じていました。李嘉嵩はその父親の出身地(崗仔林)から考えると平埔族(漢族に同化された平地原住民)の血を引いていた可能性が高いと思われますが、この文章を読む限り、中国を「祖国」とまでは感じていなくても、中国を「不義の徒」と決めつける日本人に同調することは到底できない、と感じていたことがわかります。日本人と協力して「国家」のために尽くそうと決めた青年にとって、このことは深い苦悩と孤立感をもたらすものでした。

当時、若干二〇代半ばの青年だった李嘉嵩は、戦後に振り返ってみて、自分の感じた苦しさは、内地で学ぶ台湾人キリスト教学徒一般を代表する感情だったであろうことに気づきます。しかし当時は、日本人には絶対わかってもらえないだろう、という孤立感の中でもがいていたのです。

回想資料や教会史誌から見えてくる戦時期台湾のキリスト教徒

しかし台湾に戻って伝道師となってからの李嘉嵩は、悩む暇などない戦時期の教会の現実に追われるようになっていきます。とりわけ牧師として二水教会に派遣された頃には空襲が激しくなっており、神棚の設置や日本語の使用が強制され、台湾語の使用は禁止されました。各種集会の前には必ず宮城遥拝を実施、そのうち主日礼拝の説教も日本語にするよう促されるようになりました。また、伝道集会や修養会などの特別集会には必ず警察が派遣されるようになります。戦争末期には台湾人伝道者はすべてブラックリストに載せられていた、当局はキリスト教徒を敵国の手先だときめつけ、民衆が反乱したときには真っ先に伝道者を皆殺しにするつもりでいた、とも李嘉嵩は述べています。

そのほかの多数の回想資料や各個教会が出している記念誌の叙述のなかにも、それぞれ記述量は少ないですが戦時期に関する言及があり、それを総合すると以下のようにまとめられます。

台湾は日中戦争勃発以降、「資源供給地」や「南進基地」として軍事的に重要な拠点となっていました。台湾教会は「敵国」である英国やカナダの宣教師によって始められた教会ですから、英米と通じているスパイではないかと常に官憲から疑われ、多くの伝道者や信徒が理由もなく拘束されました。そのような中でキリスト教徒が米軍の台湾上陸を誘導するなどのデマが流れ、南部では信徒の名簿を提出するように当局から要請がありました。

はっきりとした数はわかりませんが、礼拝堂や牧師館などの建物が軍部によって占拠・借用されるなどして、礼拝が継続できなくなった教会が多くありました。建物は占拠されなくとも、門や鐘などの金属類を軍部に対して拠出させられました。戦争末期の高雄市ではあらゆる集会に対して禁止命令が出ました。そのほかにも多くの原因で教会が閉鎖、あるいは集会の一時停止に至っています。

一九四四年一〇月以降は米軍による台湾空襲が開始し、多くの教会が空襲によって損壊、やはり礼拝が継続できない原因となりました。空襲は伝道者や教会信徒にとっても恐ろしく、死と隣り合わせの教会活動、牧会活動でした。また空襲は特に都市部の教会に大打撃を与え、ほとんどの都市部の教会で、空襲→疎開→礼拝出席人数激減→礼拝停止というパターンをたどりました。戦時動員（志願兵・徴兵、学徒動員、奉公活動など）による礼拝出席人数減少は教会にとって大きな痛手でした。青年や壮年の男性が多く動員され、礼拝出席者は女性・子ども・年配者になっていきました。

食糧難も深刻でした。戦時中はどこも食料不足、物資不足に苦しんでいましたが、教勢が極端に落ち込む中、伝道者は家族を養うために日々さまざまな方法でしのがなくてはならず、餓えと隣り合わせの日々を送った家庭もあります。

国歌斉唱、宮城遥拝、神棚設置、神社参拝などはほとんどの教会が仕方なく行ったと考えられます。このことが苦痛であったと言及しているという叙述がごく少数あります。ほとんどは何も書いていないのですが、おそらく多くの伝道者や信徒が心理的に苦痛を感じていたものと思われます。屏東教会牧師の許有才《コーイウツァイ》は、本来ならば神棚を地域住民に配る立場にありましたが、配らずに教会に隠していたため、後に別件で勾留された際、妻の許陳金杏《コータンキムヒン》が官憲に見つからないよう命がけで夜な夜な少しずつ焼却しました。

告発される危険性に対する「注意」が足りず、大きなトラブルになったケースもありました。神学生の張逢昌《ティウホンチォン》は、日曜学校に通っていた日本人児童の質問に対して天皇よりもイエスの方が偉いと答え、警察に連行されました。この時には事なきを得ましたが、戦後になって台湾長老教会の中で親国民党を代表する立場の牧師になりました。戦前の経験が戦後の政治的姿勢にどのように影響したかを考えさせられる事例です。

山間部の原住民族への伝道は日本時代を通じて禁止されていましたが、一九三〇年代以降、タロコ族の女性チーワンが台北の長老教会神学校で神学的訓練を受け、郷里付近に戻って多くの人々に伝道し、終戦までにはタロコ族およびタイヤル族の間にすでに五〇〇〇名ほどの信者があったと言われています。ホーリネス教会、真耶蘇教会を通してキリスト教に接触した原住民もありました。山地の原住民伝道の現場は常に警察の厳しい迫害にさらされ、信仰者は罰としてひどく叩かれたり労働に従事させられたりするのが常でした。殉教者もありました。原住民と近い平埔族の東里教会や原住民族との接触を持つ漢族の教会である花蓮港教会も、原住民との関わりのゆえと思われるのですが、執拗な迫害に遭っています。

まとめにかえて

戦争は日常生活のあらゆる約束事を根底から覆し、人間が互いに殺し殺されても構わないという、キリスト教とは真っ向から対立する価値観に人を引きずり込みます。もともと台湾人と日本人の関係が不平等であった植民地台湾という文脈では、戦争動員でさえも日本人に牛耳られていました。キリスト教界においても同様に、日本人キリスト教徒を通して台湾キリスト教徒が軍事体制に組み込まれてゆき、そこには台湾人キリスト教徒の主体性が働く余地はほとんどなかったように思われます。

明らかに間違った方向に進んでいく軍国主義体制のもとで、在台日本人キリスト教徒は、明治期以来の「報国」意識にもとづいて奉公活動に従事しつつ、危機にさらされている台湾教会を守ろうとしました。しかし、その際の台湾人キリスト教徒の内面を説明するのは容易ではありません。神社参拝問題から台湾教団設立までの一連のプロセスの中で、台湾人キリスト教徒は受動的な脇役者であることを余儀なくされていました。「抵抗」する気運は政治的にも宗教的にも封じ込められていました。表面的には「抵抗」せず、自らの教会を守るために日本教会の協力を求め、日本人と同じく「伝道報国」を唱えたその奥で、憤り、屈辱感、苦痛を感じていたはずです。そのように考えるとき、いわゆる台湾人キリスト教徒にとっての「抵抗」とは何だったのかを、いま一度、振り出しに戻って問い直していかなくてはならないと思うのです。

本稿で言及した文献一覧

（一次資料）

『教会公報』（台湾長老教会発行）
『台湾基督教会報』（台湾長老教会発行）
『明石町教会略史資料』、一九六七年一〇月一〇日座談会テープ起こし原稿。

（二次文献）


楊士養（Iu'n Su-iong）（一九五三）『南臺教會史（*Lâm Tâi Kàu-hoeē Sú*）』台南、台湾教会公報社。

『台湾基督長老教会百年史』台湾基督長老教会編、一九六五年。

李嘉嵩（一九七九）『一百年来——事奉與服務的人生』李弘祺発行、二〇〇九年（原版一九七九年）。

戒能信生（一九八四）「〈日本基督教台湾教団〉成立の問題点」、日本基督教団台湾委員会編『共に悩み共に喜ぶ——日本基督教団と台湾基督長老教会の協約締結のために——』、八五—一〇九頁。

査時傑（一九八四）「皇民化運動下的台湾長老教会——以南北教会学校神社参拝為例」『中国海洋発展史論文集』第三号、一二七—一五六頁。

上斎他編（一九八九）『神の家族——台北日本基督教会の想い出Ⅱ』。

萱島泉（一九八九）「昭和六年から昭和十六年にかけての上與二郎牧師のもう一つの働き」『神の家族——台北日本基督教会の想い出Ⅱ』、七五—八〇頁。

Coe, Shoki（一九九三）*Recollections and Reflections*. Second ed. New York: The Rev. Dr. Shoki

Coe's Memorial Fund.

高井ヘラー由紀（二〇〇三）「日本統治下台湾における日本人プロテスタント教会史研究（一八九五—一九四五）」国際基督教大学提出博士論文。

高井ヘラー由紀（二〇〇五）「日本統治下台湾における台日プロテスタント教会の『合同』問題」『キリスト教史学』第五九集、七月、一〇九—一四一頁。

高井ヘラー由紀（二〇一七）「回想資料から見えてくる戦時中の台湾人キリスト教徒」『富坂キリスト教センター　イースト・エイジャ・ミッション紀要』七号、三月、一一九—一三四頁。

高井ヘラー由紀（二〇一九）「各個教会史誌から見えてくる戦時期台湾のキリスト教徒」『紀要』明治学院大学キリスト教研究所五一号、一月、一一五—二一七頁。

高井ヘラー由紀（二〇一九）「戦時期帝国日本における教会合同に関する試論的研究——台湾における日本人キリスト教徒の役割を中心に」『富坂キリスト教センター　イースト・エイジャ・ミッション紀要』九号、三月、一九—三七頁。

原誠（二〇〇五）『国家を超えられなかった教会』日本基督教団出版局。

奥平康弘（二〇〇七）「明治憲法における〈信教ノ自由〉」、富坂キリスト教センター編『十五年戦争期の天皇制とキリスト教』新教出版社。

查忻（二〇〇七）『旭日旗下的十字架——一九三〇年代以降日本軍国主義興起下的台湾基督長老教会学校』台北、稲郷出版社。

盧啟明（二〇一七）『傳道報國——日治末期臺灣基督徒的身分認同（一九三七—一九四五）』（秀威出版）。

駒込武（二〇一五）『世界史のなかの台湾植民地支配——台南長老教中学校からの視座』岩波書店。

山口陽一（二〇一八）「近代日本の形成と教会史」『福音と世界』一月、八頁。

宣教師の見た日本人牧師

「満洲国」のキリスト教界を例として

渡辺祐子

はじめに

わたしは今から八年前に『日本の植民地支配と「熱河宣教」』（いのちのことば社、二〇一一年）という本を共著で出し、その中で戦後半ば神話化されてきた日本人伝道者による「満洲国」伝道、中でも福井二郎や沢崎堅造たちによる熱河地方の伝道活動を批判的に検証しました。中国東北部には日露戦争後から日本人の教会が設立されますが、現地の人々に日本人宣教師が伝道会を組織して伝道を始めるのは、「満洲国」建国後の翌年、一九三三年からです。この年に東京の富士見町教会（当時日本基督教会）に本部を置く「満洲伝道会」が設立され（一九三七年に「東亜伝道会」と改称）、奉天を皮切りに「満人」伝道が始まったのでした――「満人」とは、日本人が「満洲国」の非日本人を呼ぶ際の呼称で、民族名ではない――。前掲書の中で私を含む三人の執筆者は、関係者の熱心さや、満洲伝道会の第三教区である熱河の伝道を担った福井や沢崎の思いが純粋であったことは認めつつも、異なる角度から彼らの活動に光を当て、彼らの伝道の業が、現地の教会の外の人々にどう見えていたのかを考察する必要があること、伝道者がどんなに敬虔な信仰を持っていたとしても、彼らの活動は日本の侵略と切り離してとらえることはできないことを、現地調査と資料に基づきながら指摘しました。

出版後この本は、「熱河宣教」の純粋性を強調するとらえ方にもともと疑問を持っていた方からは比較的好意的な評価をいただきましたが、状況証拠をそろえただけでは伝道そのものが意味を持っていたことは否定できないという反応もありましたし、三人の執筆者のトーンが一致していないことに対する違和感を率直に伝えてくれる方もありました。「熱河宣教」の献身性を高く評価している方々は当然のことながら反発を感じられたようです。

わたし自身が論文の中で最も強調したかったのは、戦後に公にされた『熱河宣教の記録』（未来社、一九六七年）をはじめとする「熱河宣教」の記憶は、彼らの行動を客観的な歴史的状況の中でとらえるという姿勢が不十分であるということ、つまり、記憶が主観的に操作されているのではないかという点でした。この視点自体はいまも変わっていません。拙論では触れませんでしたが、たとえば『熱河宣教の記録』を編纂した故飯沼二郎は、一九九九年四月三日付のキリスト新聞の沢崎堅造特集記事で、「東亜伝道会は軍から支援を受けていない」「日本陸軍の宣撫班として活動していたというのは間違いである」と言い切っています。しかし軍から直接資金を受け取っていないからといって、直ちに国策協力をしていないことにはなりません（東亜伝道会は外務省からは資金援助を受けていました）。宣撫班の一員ではなかったことは、軍が日本人キリスト教指導者を宣撫工作に利用していたことを否定するものでもありません。飯沼の発言は、伝道会に対する批判をかわすための、「国策協力」の意味の矮小化ではないかと私は思います。私は拙論において、こうした記憶のありようを問い直そうとしました。

けれども、寄せられた批判を踏まえて拙論を含む本全体を読み直してみると、再考を要する点がいくつかあることに気づかされました。もともと戦後の熱河宣教評価に一石を投じるために編まれた小さな書物ですから、足りない点が多くあることは当然なのですが、例えば、日本人伝道者の働きを彼らと接したことのある現地の人々がどう見ていたのかについては、わずかにひとりの女性のインタビューに依拠しているだけで、これ以外は、断片的な資料や、直接日本人伝道者を知らない中国人へのインタビューをもとに推測を重ねているだけです。福井二郎から大きな影響を受け洗礼を受けた人々もいましたが、彼らを〝「満洲国」政府に協力的だった人々〟として、その信仰的な側面は特に取り上げていません。この点ももう少し丁寧に考察する必要があるでしょう。二〇〇三年に熱河宣教の地を訪れた沢崎堅造にゆかりのある日本基督教団北白川教会の会員たちは、福井二郎が伝道した赤峰（遼寧省）の教会（三自愛国教会傘下の赤峰教会）で、福井から洗礼を受けたという八五歳の男性と出会っています。この男性は、「福井次郎は日本のスパイだった」という中国政府の公式見解を、政府関係者がいないところで激しい調子で否定したそうです（北白川教会編『熱河宣教　祈りの山を求めて』二〇〇四年、一六―一七頁）。

福井たち熱河の日本人宣教師を、決して逆らうことのできない支配者の一員ととらえた人々がいたことは事実ですし、後述するように、福井たちも参画していた「東亜伝道会」の伝道事業は、多くの中国人の不興を買っていたという証言もあります。しかしその一方で、この赤峰教会の老人のように、福井がまいた種が、人民革命、文化大革命といった激しい社会の変化を経て明らかに実を結んでいる事実を、私たちは重く受け止めなくてはならないと思います。

さて、内面史研究会の主眼のひとつは、アジア・太平洋戦争期に日本の支配に協力したか抵抗したかによって、教会やキリスト者の姿を二項対立でとらえるのではなく、協力と抵抗の間に広範に存在するグレーゾーンを考察すること、そして日本人伝道者が現地の人々にどう見られていたかを掘り起こすことです。前段で触れた問題点、つまり拙論の考察が不十分であることは、まさに後者の課題と重なります。この課題に答えるには、中国側の資料を調査することが必要ですが、文書として残されている資料の中で、有用なものはそう多くありません。だとすれば、当時の状況を多少なりとも知る中国人への聞き取り調査が必須ですが、私自身はその後現地調査に赴く機会が得られませんでしたので、ここで調査に基づく考察を披露することはできません。しかし存在しているにもかかわらず、そしてその価値にもかかわらず、十分検討されていない文書資料も少なくないことから、この小論ではこれらの文書資料を用いてゆきます。

価値がありながら注目されていない資料とは、スコットランド教会、アイルランド長老教会の宣教師資料です。一八七〇年代から中国東北部伝道を行っていたこの二つの教会は、東北部伝道をけん引した最大教派でした。この点は、二〇世紀以降アメリカの伝道会が影響力を強めた中国の他の地域とは大きく異なります。一九世紀末の義和団運動、日露戦争（一九〇四―一九〇五年）、そして日本の侵略、日米開戦に伴う宣教師の強制退去（一部の宣教師は中国や日本の民間人抑留施設に収容）、国共内戦と、清末から民国期、アジア・太平洋戦争、人民中国成立までの激動の時代を通して、宣教師たちは福音の種をまき、中国人教会の自立を促し、中国人キリスト者と労苦を共にし、教育、医療、福祉の領域で大きな足跡を残しました。一方で彼らは、「満洲国」建国以前から日本人牧師とも交流を持っていましたので、その記録には日本人牧師への言及が見られるほか、中国人教会が日本の支配をどのようにとらえていたのかについても記されています。彼ら宣教師の目に日本人牧師たちはどう映っていたのかを検討することによって、国策協力者とひとくくりにされがちな日本人牧師たちにも様々な顔があったことを示してみようと思います。

加えて、日本側にも当時の状況を語る文書資料が残されているかどうかについても触れておかなくてはならないでしょう。中国東北部には、「満洲国」時代の一九四〇年時点で、八〇万ほどの日本人が居住していました。うちクリスチャンの数は約四五〇〇名です（日本基督教聯盟年鑑部『基督教年鑑』昭和一六年版を参照）。

その中に含まれている牧師や役人などいわゆるエリートには、植民地支配や戦争遂行を肯定する文章を書いた人も少なくありません。しかし戦後、自分たちが考えていたこと、書いたことをきちんと総括した人がどのくらいいたかというと、残念ながら非常に少ないのです。あるいは、国策を唱道する文章を書かなかったとしても、戦争が終わり、戦時中の教会の在り方が批判的に問われるようになってから、それらの批判に対しきちんとした形で応答した人も決して多くありません。

当時なぜそう考えたのか、そう書かなくてはならない状況とは具体的にどのようなものだったのか、本当にそう思っていたのか、本音が書けないから仕方なく時局迎合的な文章をつづったのか、家族や周囲の人たちにプライベートに話すことはあったかもしれませんが、多くの人たちはそれらを公にすることなく、口をつぐんだまま天に召されてゆきました。戦後世代の批判の方法にも問題はあったでしょう。関係者が存命中で、書くに書けないという事情もあったかもしれません。そうだとしても、二つの世代の間に実りある対話が必ずしも成立しなかったことは、戦争責任をめぐる議論や考察にとって大きなマイナスとなりました。

日本側の資料の状況は以上の通りですが、しかしながら、ほんのわずかではありますが、自らの活動を客観的に振り返った貴重な回想も皆無ではありません。以下、この資料を宣教師資料と合わせて用いながら、「宣教師の見た日本人牧師たち」について考察していこうと思います。

宣教師、中国人教会と日本人牧師との交流

アイルランド長老教会は一八六九年に、スコットランド教会は一八七二年に中国東北部伝道を開始しました。中国東北部最初の日本人教会が大連に設立された一九〇四年には、スコットランド教会は、主要都市の奉天はじめ、遼陽、海城から北部の呼蘭にいたる一〇箇所に、アイルランド長老教会も奉天、営口、新京、吉林等一〇箇所に伝道拠点を築いていました。一九世紀末の義和団運動による教会施設の破壊によって教勢は大きく落ち込みますが、それでもスコットランド教会傘下の教会会員数は全部で二三四一名（一九〇四年時点）、同じくアイルランド長老教会は一二六三名（一

九〇五年時点）を擁しています。この数は、清朝の崩壊と中華民国の成立を経て大幅に増えました。両教会の伝道によって生まれ、中国人教会となった長老教会（正式名称は満洲基督教長老会）の会員数は、一九二〇年代には二万人にまで達しました。並行して、中国人教会の自立（スコットランドやアイルランドの教会からの財政支援をできるだけ受けず、伝道牧会も自分たちで行う）も進みました。教勢は「満洲国」建国後もしばらく順調に伸びてゆきました。ちなみに一九四一年七月の満洲基督教長老会大会記録によると、成人会員二一七六二名、小児会員二〇五三名、求道者八三二〇名となっています。

一方一九二〇年代終わりには、日本基督教会、組合教会、メソジスト教会、聖公会、ホーリネス教会、救世軍が日本人教会を設立していました。教会の数には教派によって大きな開きがありますが、奉天にはすべての教派の教会がありました。

「満洲国」建国後、中国人教会に対する政府の介入が表面化するのは一九三五年ごろからで、宣教師の資料に日本人牧師の名前がしばしば出てくるようになるのもちょうどこの時期からです。宣教師の記録によれば、それまで日本人牧師と中国人教会や宣教師が交流を持つ機会はあまり多くなかったようです。なぜ一九三五年ごろからなのかといいますと、教会に対する官憲の圧力があからさまになり、日本人牧師が間に入って宣教師と当局との間を取り持つ必要が生じたからです。

日本人牧師といっても実際に宣教師と頻繁に連絡を取り合っていたのは、奉天や新京など大都市在住の数名の牧師にすぎません。しかも官憲の圧力で困り果てた教会を親身になって世話した牧師はごく少数でした。

一九三五年一〇月に、奉天の中国人の牧師やクリスチャン医師が、反満抗日運動に関与したとの疑いで一斉に検挙される事件が起きました。この事件は、「満洲国」政府のキリスト教に対する最初のあからさまな弾圧でした。「満洲国」が成立してまもなく、各教会は中華民国との関係を一切断ち切らなくてはならないなど、徐々に政府の介入が始まってはいたのですが、教会の活動そのものには大きく影響しませんでしたし、教勢も衰えることがなかったので、教会関係者はそこまで深刻にとらえていませんでした。それだけにこの事件は彼らに大きな衝撃を与えました。この時のことをアイルランド長老教会の宣教師フルトンはこのように回想しています。

この一斉検挙の嵐の中、日本の教会は余り助けてはくれなかった。中国人キリスト者と親密であると思われることを気にしない人々もいたが、同情を示す社交儀礼的な使者を送ってきただけである。彼ら自身もまた警察の疑いから全く自由だったわけではないので、その警戒心も容易に理解できる。

しかし日本人牧師の中にも恐れに打ち勝ってくれた人物がいた。奉天組合教会の渡部《わたなべ》牧師である。渡部牧師は投獄された中国人牧師のことをわがことのように心配してくれた。何度も警察に行き、保釈保証人を申し出てくれた。しかしそれは拒絶された。彼は宣教師の願い通りに牧師たちの釈放のために時間と労力を注いでくれたのである。信頼できる助言者となった彼は、その後も色々な出来事が立て続けに起きるたびに個人的に相談に乗ってくれた。渡部牧師が間に立ってくれると、当局との関係が改善するのだった。彼は、勇気と、様々な状況の下で見せる向こう見ずさ、賢明で政治家然とした風貌、そして深いキリスト者らしい理解を我々に示してくれた。(Fulton, 1967, p.105)

ここで名前が挙がっている渡部牧師とは、日本組合教会奉天大広場教会牧師の渡部守成(一八八二―一九五六)のことです。同志社大学神学部を卒業した渡部は、京都や兵庫の教会で牧師をしたのち、一九一六年に平壌の教会に赴任、その三年後、一九一九年に奉天大広場教会に招聘されました。以後、「満洲国」崩壊の翌年まで、二七年間奉天での伝道牧会に従事しました(茅ヶ崎恵泉教会、一九五八)。

一九三五年の事件発生後、宣教師たちが最初に連絡を取ろうとしたのは、そのころ東亜伝道会の「満洲国」側総責任者を務めていた山下永幸です。東亜伝道会を設立する前、山下がどんな仕事をしていたのかはよくわかっていませんが、中国語を自在に操り、宣教師や中国人牧師とも付き合いがありました。実は、警察に顔が利く人物であったことから、宣教師は山下に助けてもらおうとしたのです。連絡を受けたとき大連にいた彼はすぐに奉天に向かい、「いろいろ努力をした」と自ら書いていますが(韓晳曦、一九九九年、七四頁)、どこまで頼りになったのかは定かではありません。それだけでなく、検挙事件に関するある報告には次のように書かれています。

事件が起きた頃には山下の(政治的)影響力はかつてほどではなくなっており、彼の関心事はもっぱら日本の宣教団体を組織化し、その団体によって満洲基督教会という教会を建設することだった。山下のことを、キリスト者であるよりも政治要員であると見なす人々もいたが、必要な時彼はいつでも日本人官憲とのコンタクトをとる手伝いをしてくれたものである。逮捕された劉牧師は、山下が教会を建てる支援をしており、山下のアドヴァイザーのひとりだった。山下の運動は、日本の伝道会による満洲伝道を意図していた。それはそれで歓迎されるべきであったが、しかしこの発想に対する中国側の偏見は非常に強かった。それを日本人は理解することができなかったようである。実際山下氏の戦略は失敗していた。彼は中国人教会の大会に接触することができなかったのだ。それでも彼は大会所属の教会がある奉天、長春（新京）、大連などに次々に教会を建て、大会がそれらを姉妹教会と見なしてくれることを期待していた。（Fulton, p.96-97. 括弧内は筆者。以下同様。）

協力をする中国人牧師もいたとはいえ、中国人伝道を掲げた東亜伝道会に対する中国人自身の反応は総じて鈍かったと述べられています。中国人教会の大会とは、満洲基督教長老会の大会のことですが、東亜伝道会は、結局長老会の大会と手を結ぶことはできませんでした。私が調べた限りでは、この資料以外に山下が言及されているものはありません。それとは対照的に、渡部と宣教師たちとの交流は、その後も途切れることなく続きました。

当局の監視と圧力はさらに強まってゆき、一九三八年には、「満洲国」の学校制度の完成に伴い、キリスト教教育の継続が難しくなるという理由で、スコットランド教会、アイルランド長老教会は、彼らが運営していた八つのキリスト教学校（中学校。すべて男子校）を閉校し、不動産を「満洲国」政府に売却する決断を下しました。教会形成、医療と並ぶ不可欠な伝道事業である学校教育を放棄することは、文字通り苦渋の決断でした。しかし宣教師たちは、政府の教育方針を受け入れ、学校を形だけ継続させ、キリスト教教育を放棄するという選択肢を取ろうとはしませんでした。

八つの中学校は普通教育を行う学校でしたが、二つの教会はこのほか、神学校と医学校も運営しており、これらの学校を継続すべきか否かがもう一つの問題でした。医学校とは、岩波新書第一号として日本の読者にも知られている『奉天三十年』を書いたドゥガルド・クリスティが一九一二年に建て、「満洲国」で唯一中国語で医学教育を行っていた奉天医科専門学校（一九四〇年以降、盛京医科大学）、神学校は医学校と同じく奉天にあった満洲神学院です。

渡部はこの時も宣教師たちを可能な限り支援しています。実は渡部は、日本人アドヴァイザーを一名任用せよとの「満洲国」政府の命令を受けた医学校からの依頼で、すでにこの学校に顧問としてかかわっていました。「満洲国」政府の意向に従い、カリキュラムを改編して医学教育を続行する決断を下した同校は、一九四一年一二月八日の日米開戦に伴う連合国人の収容によって、宣教師スタッフの大半を失いますが、中国人スタッフと渡部をはじめとする数名の日本人――理事長には福岡警固教会出身で九州帝大教授を務めた大平得三（当時、民生部公衆衛生課課長）が就任――の協力によって、かろうじて日本の敗戦まで医学教育機関として継続されました。

渡部は、医学校以上に神学校の運営継続にも全面的に協力しました。「満洲国」の学校制度の完成によって、教育機関への政府介入は以前とは比較にならないほど強まりましたが、普通教育機関ではない神学校の扱いについては、政府もいささか迷ったようです。結果、理事会に日本人を入れ、教員スタッフに日本人を迎えるという二つの条件で継続が決まり、渡部は、日本基督教会奉天教会牧師の林三喜雄、同じく日本基督教会新京教会牧師の石川四郎とともに理事に就任しました。林と渡部はそれぞれ日本基督教史、牧会学の講義も引き受けています。ふたりとも中国語はできませんでしたので、通訳付きの講義でしたが、学生たちの評判は上々だったそうです。スコットランド教会宣教師で、神学校でも教鞭をとっていたフィンドレイは、「この困難な時期にふたりの牧師（林と渡部）から受けた支援を過度に評価することはできないが、それでも特に渡部牧師にはとりわけ助けてもらった」と記しています（Findlay, 一九四二）。また同じくスコットランド教会宣教師で、スコットランドとアイルランドの宣教師が組織していた宣教師会議総幹事を務めていたスチュアートも「日本人教職は友好的で支援を惜しまなかった。二〇年来の友人である渡部牧師は、奉天神学校のことを親身になって配慮してくれた」と書き、続けて他の日本人牧師の名前にも言及し次のように述べています。

奉天メソジスト教会の平野牧師は、神学校で大変よい講義をしたし、ＹＭＣＡや重明女塾（女子盲学校）を支えてくれている。地方の長老派の牧師や聖公会の永野（武二郎）氏にも同様に様々な点で助けてもらっている。この四名は、※（満洲から送還される）宣教師を駅で見送りたいと警察に許可を求めたが却下された。彼らは私たちが収容されているときに差し入れをしてくれ、訪ねてもくれた。戦争のさなかでも、協力関係を築くことは可能であり、日本人教会や日本人キリスト者が可能な限り満洲の教会や宣教師にしてくれた様々な支援は忘れるべきでは

ない。(Stewart, 1942)

（※渡部も入れて四名。地方の長老派の牧師が誰かは不明）

一九四一年一二月八日、開戦の知らせが届いたその日の夕方から、奉天在住の宣教師たちは次々に警察に連行され、仮収容所とされた香港銀行に他の連合国側の人々とともに留め置かれました。その後奉天クラブというところに移され、半年をすごしたのち――収容中、移動の自由は制限されたものの、被収容者に対する扱いは丁寧だった――一部を除きほぼ全員が六月四日、日本に向けて満洲を発ちました。四人の日本人牧師が駅で見送ろうとして警察に許可されなかったというのは、この時のことを言っているのだろうと思われます。警察の監視下での被収容者への差し入れは、中国人教会の人々もしばしば行っていましたが、かなり勇気のいることでした。

この引用にある平野牧師は、関西学院大学神学部卒業後、樺太、名古屋等の任地を経て、一九三八年四月に奉天メソジスト教会に赴任した平野一城です。彼は、日本敗戦後も、他の日本人が次々と帰国する中、一九四八年まで満洲に残留した唯一の日本人牧師です。中国政府は、戦後の復興のために役立てようと日本人技術者の残留を命じましたが、それ以外の日本人については、残留希望の如何にかかわらず順次送還していましたので、技術を持たない牧師の残留は本来ありえないことです。しかし、「精神指導員」としてぜひとも平野に中国に留まるよう要請する決議をなした満洲基督教長老会大会（戦後は中華長老会東北大会）が中国政府に掛け合って、特例として実現したのでした。彼がどれだけ中国教会の人々に信頼されていたかを物語るエピソードです。

彼は後に、奉天残留の三年間を回想した手記を出しているのですが（奉天極友会、一九七四）、そこには、新京教会会員で「満洲国」弘報処所長の任にあった武藤富男が日本人牧師を集め、伊勢神宮の大麻を受け、礼拝堂に神棚を作ってそれを拝んでから礼拝を行うよう現地教会を指導せよとの要求した出来事が記されています。この時平野は、伊勢神宮の神を、漢人、朝鮮人、蒙古人に共通の先祖だと納得させることなどできない、第一、「神ならぬものを神として拝め」ということなどできない、と主張し要求を拒否しました。最終的には、当局は日本人牧師たちに現地教会を指導させることをあきらめました。「満洲国」中枢には、武藤富男以外にも星野直樹などのクリスチャンがいましたが、こうして見てみると、トップエリートよりも、一介の牧師の見識のほうがはるかに健全であったことがわかります。

なお、平野はこのできごとを信仰の戦いととらえていました。そしてこうした戦いを共に戦うことができた唯一の友人として、渡部守成の名前を挙げています。また紙幅の関係で詳しくは述べられませんが、残留期間中平野は、戦犯として収監された日本人への伝道のため、毎週瀋陽第一監獄に通い、時に処刑にも立ち会い、その遺体を火葬場に運ぶことまでしています。

さて、わずかな例ではありますが、ここまで宣教師や中国人クリスチャンと信頼関係で結ばれていた日本人牧師について述べてきました。スコットランド教会もアイルランド長老教会も、長老派であったにもかかわらず、彼らが名前を挙げて親しみを表したのは、同系教派である日本基督教会の牧師たちではなく、組合教会の渡部やメソジスト教会の平野でした。渡部や平野の「喜ぶものと共に喜び泣くものと共に泣く」愛に満ちた姿勢が、教会観の違いを超えて受け入れられ、信頼を得たということができるでしょう。

しかしながら、彼らを大切な友人としながらも、宣教師たちにはどうしても理解できないことがありました。彼らを含む日本人牧師たちが、キリスト教信仰とは相いれない政府の要求をやすやすと受け入れてしまうことでした。次節ではこの点について考えてみましょう。

神社参拝と教会合同

スコットランド教会宣教師で、奉天医科専門学校の副校長を務めていたガーヴェンは、だいぶ前から日本人クリスチャンの信仰に対する節操のなさに疑問を持っていました。一九三六年の末、エジンバラに一時帰国した彼は、当時スコットランド教会、アイルランド長老教会を揺るがしつつあった孔子廟参拝の強制——この時は神社ではなく孔子廟——に関する報告を行いました。その中で渡部にも言及しつつ、教会やキリスト教学校が偶像崇拝の強制という困難な状況に置かれている中で、次のように考える人々もいると発言しています。

「日本の軍国主義はいつまで続くかわからない。もし今私たちが信念を押し通し学校を閉じてしまったら、数年後この困難を抜け出した時に、再び学校を復活させるのは至難の業だろう。今はキリスト教の証を犠牲にしてもこのまま進もうではないか。教会全体にとっての教育活動の価値を考えたほうがいい」これが日本人クリスチャンの友人たちの見方である。奉天日本組合教会の牧師渡部氏は誠実な助言者で、誰もがやりたがらない、あるいはできない奉仕を、キリストにある兄弟として私たちにしてくれている。（だが）彼は私たちが考えるようにはこの問題をとらえていない。日本においてはこの種の問題は、国家の法への服従という次元の問題なので、彼は（参拝の）儀式に行くし、もし彼がキリスト教学校の教師をしていたら、彼の学生たちもつれていくだろう。彼はいま私たちの考えを理解し、彼にできる最大限のことをしてくれている。しかし日本の教会はあげて神社参拝に行っているので、彼の中ではこの問題はさほど深刻ではないのである。（Garven, 1936. カギ括弧は筆者）

ガーヴェンは、一九四一年の開戦を待たずにカナダに避難し、そこで「満洲国」のキリスト教会が抱えている問題を鋭く指摘したエッセイを書いています。その中で彼は、宣教団体がキリスト教教育から撤退した後の学校教育の劣悪化を嘆き、教会が早晩直面するであろう神社参拝の問題に強い懸念を表明し、日本人牧師たちについて次のように述べています。

日本の教会、長老派、組合派、聖公会、メソジストと私たちの関係は、これまでとてもよかった。……多くの点で、彼らは宣教師と教会の指導者たちにとって「キリストにある兄妹」となった。だから、これらの友人たちが今は全員が全員、妥協的な姿勢を取っているのは非常に残念である。彼らは神社で行われるあらゆる儀式に参列し、求められるままに拝礼している。政府の役人となって高い地位についている日本人クリスチャンたち―うち何人かは「満洲国」

政府の最高位にあるという――も同じような行動をとる。満洲の教会の人々は、日本のキリスト教指導者が日本基督教団設立の報告をしに伊勢神宮に行ったという、我々にとっては信じがたい記事を読んでいる。日本の兄弟たちには、満洲の教会が日本人と同じような立場を取る際の困難さが全く理解できないのだろう。日本人にはほかに可能な解決方法がないのである。これは全くの悲劇としかいいようがない（Garven, 1941）。

「満洲国政府の最高位にある」クリスチャンが、武藤や星野のことを指しているのは明らかでしょう。ガーヴェンら宣教師は、日本人牧師自身が神社参拝を行っていることを深刻にとらえていました。しかしこの資料には同時に、日本の動きを範とした満洲教会の合同の動きに対する彼らの懸念も記されています。なぜなら、宣教師が種をまいた教会が、教会でなくなってしまうからでした。

満洲の教会合同の音頭を取ったのは、前掲の石川四郎（日本基督教会新京教会牧師）です。一九四一年の七月に開かれた満洲基督教長老会大会で、石川は日本基督教団設立のいきさつとその意味を講義し、翌年一月にはすべての教派代表を新京に集め、教会合同に向けた準備委員会を設けました。ガーヴェンと同じスコットランド教会の宣教師フィンドレイは、石川を以下のように評しています。

（一九四一年七月の大会の前に持たれた修養会で）、彼はアンテオケ教会に関し五回にわたって講演した。また自身の論文の中で、満洲の教会は欧米の教会へのいかなる依存からも脱却し、エルサレム教会から独立したアンテオケ教会に並ぶ教会となる時が来たと述べている。しかし彼が実際に主張しているのは、アンテオケ教会が行ったような開かれた伝道ではなく、その反対に、普遍的な教会とは全く異なる、ナショナリスティックで偏狭な教会を建てることである。その矛盾に彼は全く気付いていない。（Findlay, 1942）

満洲の教会合同に向けて一九四二年五月に持たれた会合では、出席した代表者が皆で建立されて間もない建国神廟を訪れました。そこで拝礼をさせられたかどうかは不明ですが、満洲基督教長老会大会秘書の胡成国牧師が、合同の進捗状況を天照大神に報告したとも言われています。これらの準備を経て、七月の大会で合同が決定、基本的に長老主義の制度にもとづく合同教会、満洲基督教会が石川四郎を長として設立されました。

はたして教会合同を中国人クリスチャンたちはどう受け止めたのでしょうか。前掲の総幹事のスチュアートは、合同教会は政府の圧力のみによってまとまっているにすぎず、中国人クリスチャンは全く信用していないと書いていますし、教会を去っていったクリスチャンがいたことにも触れています。それでも宣教師たちの仲間だった中国人牧師は教会合同、そして神社参拝を受け入れました。スチュアートは自分たちの宣教のあり方を省みつつこう述べています。

彼らは神社を毛嫌いしているが、それは政治的な理由によってである。宗教的な理由に基づきその誤りを明確に理解しているわけではない。中国人が妥協を好むことを考慮しなくてはならないだろうが、たとえそうだとしても、私たちはミッションとして満洲基督教長老会の教職たちに対し、(信仰上の) 原則をはっきり伝えなかったことを認めるべきであろう。胡牧師はますます日本に影響され、神社参拝に関し、何の困難さも感じていない。(Stewart, 1942)

この発言は、様々に解釈できそうです。中国の主権を蹂躙した日本の植民地支配に対する中国人の反発に十分な共感が示されていないのではないか、それは彼ら宣教師自身が植民地主義的な心性を有していたからではないのか、と読むこともできるでしょう。中国教会の自立を重視しながら、結局自分たちは常に教える側、中国の教会は常に教えられる側ととらえていたのではないか、しかも中国人に対する偏見も見え隠れしているようにも思えます。しかし私は、「わたしの前に何ものをも神としてはならない」「刻んだ像を拝んではならない」という、信仰の根幹にかかわる最も重要な事柄を軽んじている (ように見える) 中国人教会の状況を前にした宣教師の、魂の叫びとして受け止めるべきだと考えます。満洲のキリスト教会はこの時まさに「信仰告白の事態」に直面していたのでした。にもかかわらず、そうした「事態」に陥っているという自覚すらない中国人牧師がいることに彼らは深く失望し、その思いを率直に書き記したのではないかと思います。もちろん、そうした事態をもたらしたのは誰だったのかという根本的な問題を、繰り返し問い直す必要があることは言うまでもありません。

おわりに

宣教師が不在となった満洲のキリスト教諸事業がかろうじて命脈を保つことができたのは、中国人教職と信徒たちの努力があってこそですが、同時に、親身になって軍や政府と教会との仲介者となった渡部や平野の働きも無視することは出来ません。彼らの姿勢は、政府中枢の日本人クリスチャンエリートや、教会合同を推し進めた日本基督教会の教職と異なっていたことも確かです。二人の存在は、支配者側に属する日本人も決して一色ではなく、彼らのうちにある多様性にもきちんと目を向けるべきことを示しているように思えます。

とはいえ、満洲の日本人牧師にもいい人はいたのだから、全員を侵略者であるかのように糾弾するのは間違いだ、という結論で終わらせるわけにはいかないでしょう。今まで見てきたとおり、宣教師は、友人である彼らに感謝しつつも、彼らが信仰者として決して妥協してはならない線をなぜ守ろうとしないのか、なぜそこに葛藤を覚えないのかという疑問をずっと抱き続けていました。この疑問に、「満洲国」で伝道していた教職者たちは、戦後になっても誰も答えないままだったのではないでしょうか。前述の通り手記の中で貴重な証言を残し、建国神廟をめぐる出来事にも言及した平野ですが、それでも彼の手記には、教会合同に伴って中国人教会の教職たちにも神社参拝が要請されたことを含め、この問題に鋭く切り込んだ記述は認められません。他の牧師たちは、渡部も、石川四郎も林三喜男も、「満洲国」時代については、私の知る限り公には何も書き残していません。

冒頭で述べたように、東亜伝道会や熱河伝道の宣教師たちの伝道は、決して国策とは切り離されてはいませんでした。彼らも、日本人教会の牧師たちも、さらに言えば日本人教会の会員たちも、植民地支配に加担した責任を多かれ少なかれ負っていると私は思います。ただし彼らは、政府中枢のクリスチャンエリートを除けば、「満洲国」の中でむしろ危険視されることも皆無ではなかった人々でした。彼らが支配者側の中の少数者だったことも認めなくてはなりません。問題は、政治的な意味での植民地支配に加担したか否か以上に、キリスト教固有の責任、すなわち「満洲国」における神社参拝問題を問うことではないかと思います。

この問題は、植民地朝鮮の教会に対する日本の教会の責任として問われることがしばしばあり、もう語りつくされているのではないかという印象も持たれているかもしれません。しかし少なくとも「満洲国」における同様の問題は、まだほとんど解明されていません。さらにこの問題は、「信仰告白の事態」として捉えられるとき、すぐれて現在性を持つものとして私たちに迫ってくるのです。

参考文献

茅ヶ崎恵泉教会『星のように　渡部守成牧師小伝』茅ヶ崎恵泉教会、一九五八年
韓晳曦『日本の満洲支配と満洲伝道会』日本基督教団出版局、一九九九年
奉天極友会編『満洲の獄窓に祈る　最後の引き上げ牧師の手記・満洲戦犯獄中書簡集』一九七四年

Austin Fulton, *Through Earthquake Wind and Fire*, the Saint Andrew Press, 1967.

Garven, Notes of a Speech made to the Convener's Committee of the Foreign Mission Department of the Church of Scotland at 121, George Street, Edinburgh on Tuesday, International Missionary Conference Archives, 1910-1961, WCC, Geneva, Sino-Japanese Relations, no. 265026.

Garven, Copy Statement sent from Vancouver and Received in Edinburgh on 1st September 1941, International Missionary Conference Archives, 1910-1961, WCC, Geneva, Sino-Japanese Relations, no. 265026.

Stewart, John, Manchuria Mission Conference, Preliminary Report by Secretary, 21st August, 1942 （スコットランド国立図書館所蔵資料、 ACC7548, B24）

Findlay, Notes on the Manchurian Church, October, 1942, Conference of British Missionary Societies Archives London China, Manchuria, H-6050 Box397 E.T China 51.

Ⅲ

H・E・テートの内面史研究

山﨑和明

はじめに

本稿は、二〇一六年七月二九日（金）、富坂キリスト教センターにおいて開催された、戒能信生氏を座長とする第三回内面史研究会で発表した内容を大幅に変更したというより、新たに稿を起こしました。[1] 内面史研究会は、H・E・テートの著書（宮田光雄・佐藤司郎・山﨑和明共訳）『ヒトラー政権の共犯者、犠牲者、反対者――〈第三帝国〉におけるプロテスタント神学と教会の〈内面史〉のために――』（創文社、二〇〇四年一一月）に触発されて立ち上げられました。[2] そこで、翻訳者の一人である山﨑に、研究会の出発点となった「テートの内面史研究」について、やさしく紹介解説する課題が与えられました。[3] 以下、本稿では、上記邦訳の該当頁数をもって出典を明示します。

1　聖書の福音書と内面性

外見だけを見ていては分からない、外見的評価だけでは判断を誤る例が、福音書にも記されています。「やもめの献金」（マルコ一二・四一―四四、ルカ二一・一―四）の話です。マルコによれば、イエスは賽銭箱の向かいに座り、人びとがお金を入れる様子を見て、弟子たちを呼び寄せて教えたといいます。大勢の金持ちが有り余る中からたくさんの献金を入れたのに対して、貧しい寡婦は僅かレプトン銅貨二枚＝一クァドランス（一〇〇円から二〇〇円程度）を入れただけでした。しかし彼女は、乏しい中から自分の持っている「生活費を全部」入れたと記されています。

これを見れば、同じく献金をしても、それぞれの意味や価値は異なっています。献金の額面の違いだけを取り上げても、真の評価はできません。イエスであればこそ、深くその実相に迫っていますが、人間的判断ではそうはいきません。それゆえ社会科学は、各献金者の総収入に占める献金額の割合から調査をはじめます。データが整えば、量的分析が可能です。

この「貧しいやもめの献金」の話に先立ち、ルカだけが特記している次の記事もあります。「〈ファリサイ派の人と徴税人〉のたとえ」（ルカ一八・九以下）です。そこでは、ファリサイ派の人と徴税人は神殿の前で等しく祈ります。しかし、祈りの中身（心の中）が全く異なっていました。そして神の前で義とされたのは、義人であると自認して祈っていたファリサイ派の人ではなく、へりくだって罪人であることを自覚する徴税人の方であったと、イエスは教えています。

外見だけを見れば、祈りという敬虔な行為は同じですが、心に秘めた祈りの中身は、全く異なっています。イエスなら人間の心の「内奥」まで見通せるでしょう。しかし人間が、外見だけで判断するのは危険です。それゆえ社会科学は、両者の残した文書や証言、その人の置かれた環境や状況などをしっかりと実証的に調査し、質的検証に向かおうとします。

もしある行為が、極めて政治的な意味合いや影響力をもつ事柄だとすれば、どうでしょうか。聖書にもそうした事例が記されています。当時のユダヤ人、とりわけファリサイ派の人たちは、皇帝に税金を納めることが律法に適っているかどうか、深い関心を寄せていました。それでイエスを罠に嵌めて言質を取ろうと、ローマの支配体制を支持するヘロデ党の人びとと組んで、イエスを試しました（マタイ二二・一五〜二二、マルコ一二・一三〜一七、ルカ二〇・二〇〜二六）。ローマに納税するなら、体制に帰順する敗北主義者であるか、体制に群がる事大主義者ということになるか、またローマに納税しないなら、皇帝に背く反体制的反逆者ということになります。

イエスは、皇帝に税金を納めたと推測できます。ちなみにイエスは、人を「躓かせないように」神殿税も納めています（マタイ一七・二四〜二七）。しかし、これをもって、イエスが、事大主義者や敗北主義者と同じかというと、そうではありません。たとえ皇帝への納税行為は同じであっても、ファリサイ派やサドカイ派、ヘロデ党の人びととは、意図が全く異なっていました。「皇帝（カイザル）のものは皇帝（カイザル）に、神のものは神に返しなさい」というイエスの答えは、聞いていた全ての者を驚かせ沈黙させました。イエスの考えを知れば知るほど、その違いが分かります。

表面上は同じに見える行為であっても、その意図の違いを理解するためには、内面研究が必要になります。しかも、一回限りの単発の内面研究ではなく、時間を追ってたどる内面史研究が、社会科学の場合、必要不可欠なのです[4]。

2　テート自身の内面史

著者のテートは、一九一八年五月四日に北ドイツ（北フリースラント）のボルデルムで、ルター派の牧師の三男として生まれました（二四六）。そして一九九一年五月二五日、テートはハノーヴァーで亡くなっています。七三歳でした。テートは、一九六三年にハイデルベルク大学神学部に招聘されて以来、組織神学とりわけ社会倫理学の教授でした。ここでテートの紹介を兼ねて、第三帝国の時代を生きた彼自身の生涯を、内面史研究の事例として紹介します。

早熟で才能溢れるテートは、ナチスの政権掌握（一九三三年一月三〇日）以前から既にヒトラーの『我が闘争』やローゼンベルクの『二十世紀の神話』をも読んでいました。彼は、剽窃の多いローゼンベルクを軽蔑していたが、ヒトラーの論述には感銘を受けたと正直に記しています（二四九）。ナチ政権が成立したとき、彼はまだ一四歳です（九、二四五）。ヒトラー政権が成立して、無条件に感激したわけではなかったが、期待に満ちていたと述懐しています（二五〇）。しかし当時の彼には、まだナチスの「黒い影の側面、すなわちテロと不正行為は、ほとんど隠されたまま」でした（同上）。

一九三三年五月四日、一五歳になったテートは、ヒトラーユーゲントに加わり（二五〇）、すぐさまエリート幹部に昇進し、指導的役割を果たします（二五一）。しかも全国代表八〇人の一人にまで上り詰めます（二五二）。彼は、「非常に若くして文献に通じた、しかし思想的には教化されにくいナチだった」と自認しています。その彼が、ヒトラーのそばを行進したとき、最初で最後、「催眠状態のような」体験をしたと言います。「〈総統〉の眼差しが稲妻のように、いやむしろ、神秘のように、私の全身を貫いた。……ただものすごく引き付けられる魅力を感じた」と、正直に告白しています（二五一）。

しかし少年テートは、自分のキリスト教信仰とナチズムの排他的な全体主義的要求とがぶつかり、ナチ党綱領二四条（一九二〇年）で謳われている〈積極的キリスト教〉がイカサマであると悟ります。このまま進めば、どうしてもキリスト教（会）と対立せざるをえないと判断し、彼は、ナチ・エリートになる道を捨てます（二五二以下）。その間に、告白教会に属す若い神学者との出逢いによって、いよいよナチスと袂を分かつ決断をし、神学を志します（二五五）。ギムナジウムの校長先生からは、軍隊に入って将校となり、ナチスの暴力に抵抗するという選択肢も提案されました（二五六）。しかし彼は、ナチズムやヒトラーが長くは続かず、いずれ自滅すると考えていたため、二年の兵役の期間も、その後六年続いた戦争中も、神学への志は変わらなかったといいます（二五七）。しかし彼はまだ、ナチ政権に代わるオルタナティヴ（別の選択肢）について、何も分かっていませんでした。そして当時のテートは、ヴァイマルの議会制民主主義者ではなく、愛国主義者だったと自己理解しています（二五七）。

彼は、神学を志しましたが、一九三七年に兵役に召集されます。愛国主義者テートには、亡命も兵役拒否も全く念頭にありませんでした（二五八）。愛する祖国ドイツとナチス・ドイツとを区別できず、ドイツのために武器をもって戦うことが同時にヒトラーの栄光のために戦うことでもあることにも気づかず、戦争中にやっと気づき、それが自分の関心事となったと回想しています（二五八、四八二、六一九）。

たとえ神学を志しても、政治的オルタナティヴがないということに変わりはありません。「〈第三帝国〉に起こったことをことごとく一括して拒否する」には至りませんでした（二五八以下）。さらに、彼の故郷にはユダヤ人は一人もおらず、反ユダヤ主義の犠牲者や強制収容所についても見聞きすることなく、気づかずにいました（五六五以下）。確かに「教会が……国家によって支配されることは許されない……教会は順応してはならず、自らの独自性において自立しつつナチ政権下を耐え抜いて生き残らねばならない」という確信はありました。それゆえ「教会闘争において展開されたレジスタンスの形、すなわち民族主義イデオロギーが教会に浸透することを厳しく拒否すること」はあったが、「一度も現実に政治的抵抗者であったことはなかった」と正直に告白しています（二五九）。

テートは、「第一五章　自伝的回想」で自分が「どんな状況の中にいたのか、どんなパースペクティヴにおいて生きていたのか、どんな選択肢を……可能とみていたのか、それとも認識できなかったのか、それを分析しつつ」内面史を記述しています（二五九）。およそ正当化されえないナチスの現実を直視した上で、ドイツにおいて「オルタナティヴの喪失」が、「この時代、すなわち一九三三―一九三五年を特徴づけるしるし」であると考えています（二六〇、六一九）。

一九三九年八月、二年にわたる兵役を終え、ベルリンで神学を勉強しようと準備していた矢先、動員命令が来ます（四七九）。そしてテートは、第三〇歩兵師団に属し、ポーランド侵攻に加わります。避けて通れない戦争への加担でした。当時彼は、ルターの「明白に不正な戦争に参加してはならない」という教えも知らなかったといいます（四八二）。後にテートは、「ひとたび戦争が始まってからでは、……もう遅すぎる。……戦争は、平和のときにのみ阻止可能だ」と講義しています（四八三）。

一九三九年九月から一九四一年一二月までは、ドイツ軍が圧倒的に勝利していましたが、一九四一年から四二年の冬には、対ロシア戦で勝つか負けるかの瀬戸際を体験し、一九四二年から四三年の変わり目に戦況は逆転し、「一九四三年以降、ドイツ国民はもはや勝利するとは信じなかった」と記憶しています（五一七）。

テートはロシア戦で最後まで勇敢に戦い捕虜となります。敗戦後も一九五〇年四月二三日までの五年間の捕虜生活で、その内二年間、KGB直轄の「収容所」生活も経験しました（五八九）。そして祖国に帰還してから、遅まきながら神学を志し、神学者としての人生をはじめました。彼は、自分の過去を正当化することも弁明することもしません。そのテートは、ヒトラーのナチズムと〈第三帝国〉の犯罪的戦争とに巻き込まれた自分のなすべき仕事として（一）本当に何が起こったのか（史実確認）、またわれわれの内で何が起こったのか（内面史）を認識すること、（二）罪の赦しによって生き、それによって新しい自由を得ること（戦後責任）、（三）同時代に闘い、苦しみ、命を賭してナチスに抵抗し、キリスト（教）信仰を実証した「別（もう一つ）のドイツ」も存在したことを証言すること（戦後責任）という三つを生涯の課題としてきました（六三五）。テートの研究者としての生涯の結実が、後世に残す「遺言」（Ch・グレメルス）とも評される（六四三）『ヒトラー政権の共犯者、犠牲者、反対者――〈第三帝国〉におけるプロテスタント神学と教会の〈内面史〉のために』というテートの最終講義です。

3　内面史研究の意義と方法論について

敗戦後ドイツでは、ただちに非ナチ化政策が推し進められました。そのため過去にナチ政権に留まり、その政策に深く関わった人物は、往々にして自分を正当化し弁明してきました。〈たとえナチスの暴政を食い止めることはできなかったとしても、自分が体制内に留まることによって、かろうじて抑制はできていた。だからあの程度ですんだのだ。もし自分がいなければ更にひどい状況になっていただろう〉と。

こうした口頭の証言は、検証が必要です。その人物の内面を研究し、しかもその生涯を通して検証せねばなりません。そしてその人物の主張する苦渋の決断が、本当に最善の選択肢であったのかどうか、時代的コンテキストの中で再び歴史を検証する必要があります。今日的な尺度で過去を認識し評価することは誤りです。その時代の制約の中で、他に行動の可能性（選択肢）はなかったのか、ほんとうに最善でなくとも次善の策であったのかを検証せねばなりません。

たとえば、戦争半ばまで第三帝国の外務官僚・外交官であり続けたエルンスト・フォン・ヴァイツゼッカー[5]は、ナチ党の外務大臣J・v・リッペントロープの下に留まっていました。きわどい状況について、〈最悪の事態を防ぐためにそうしたのだ〉と弁明しますが、「まさにその事によっていっそう深く悪い事態に巻き込まれていった」と、テートの批判は厳しいものです[6]（六）。

同様に、一九四三年に逮捕されるまでずっと高級官僚で、法務大臣付き法律担当官、最高裁判所法務官、国防軍防諜部法律顧問と、第三帝国で大きな影響力をもつポストについていたハンス・フォン・ドナーニーの場合はどうでしょうか（三八以下）。テートは、第二章で、最初の人物研究の事例として誰よりも先にこのドナーニーを取り上げています。彼は、ボンヘッファーの義兄で、ヒトラー暗殺クーデタ計画の首謀者の一人でした。彼は、ナチでもなく、ナチ党に入党したこともありません。彼こそ、まさに真の意味で「より悪いものを阻止するために」政権の中枢近くに、そして最後には軍の抵抗拠点に留まったのです[7]。彼は、戦後へと生き延びることは許されず、ザクセンハウゼン強制収容所で処刑されています。そのため彼には、およそ自分を弁明するチャンスなど許されませんでした。

ナチ政権内部に留まった人間については、内面史研究がなされなければ、その人物に対する認識も評価も誤りかねません。とりわけナチズムと深く関わった人物の歴史的評価に関しては、ドイツ現代史研究においては、内在的な内面史研究を抜きにしては語れません。なぜなら、抵抗運動に従事する者は、真意を吐露するような危険な文章は残すわけにはゆきませんでした。親書の秘密もなく、盗聴や密告者を警戒しながら、仲間たちとの連絡には暗号のような表現方法を利用し、官憲、公権力を前にした発言の際には、偽装と隠蔽をせざるを得なかったのですから。公文書に記された文面や外見的行動だけで判断し、内在的内面研究をしなければ、自由と正義、平和と人権のために闘った人たちをどのように理解し、評価することになるでしょうか。

一九八六年、西ドイツでは、いわゆる〈歴史家論争〉が起こりました。その論争は、ナチ時代の歴史の（再）認識（再）評価をめぐって始まりました。時は、ドイツ・キリスト教民主同盟の第二次コール政権、ベルリンの壁が崩壊して東西ドイツが統合する前の出来事です。『ファシズムの時代　ヨーロッパ諸国のファシズム運動　一九一九―一九四五』（ドイツ現代史研究会訳、上・下、福山出版、一九七二）の著者、歴史学者エルンスト・ノルテは、歴史学研究の成果としてドイツのオフィシャルな（公式の）歴史認識と評価に修正を求めました（「過ぎ去ろうとしない過去」）。いわく、第三帝国の過去を無条件に絶対悪として全面的に否定する余り、自ら否定するだけの神話となっていないか。その結果、新しい実証的歴史研究を否定し、その成果を無視し、重要な歴史的修正すらできなくなっている、というのです。その主張に噛みついたのが、当時西ドイツの社会民主党系の進歩的知識人ユルゲン・ハーバマスでした。「戦後ドイツの公式の歴史認識の擁護者」を自認するハーバマスは、ノルテら（の主張）をナチ時代のドイツを弁護（正当化）する〈歴史修正主義（者）〉と称して一蹴しました[8]。

歴史家論争では、歴史認識と評価およびその判断規準の問題が論じられました。具体的には、反ユダヤ主義がナチズムだけの独占的特徴か否か。第三帝国の「絶滅収容所」以前に実施された一九二〇年代のソ連のスターリン体制下における「収容所群島」との歴史的比較は可能かどうか。戦後生まれのドイツ人にもナチ政権の「集団的共同（戦争）責任」があるかどうか。さらには歴史学を道徳化することや政治に絡ませることの妥当性などが問われました[9]。

　歴史家論争を契機に、弁明的に自己正当化する歴史認識や評価に対して、「暴露的ジャーナリズム」が勢いづいてきます。そもそも歴史学は、歴史を検証し、史実を確認するものです。もしねつ造や隠蔽、事実誤認があれば、ただちに修正する必要があります。たとえ歴史的事実であっても、「残酷な出来事を過度に強調すること、それを一面的に選択すること」（四）が行われるならば、誤った歴史評価や判断へと導かれます。なぜなら、歴史の一部、一面だけを強調して、あたかもそれが歴史の全てであるかのような印象を与えるからです。そうした過ちは、往々にして新聞、雑誌、テレビや映像といったマスメディアでなされます。それがテートの言う〈暴露的ジャーナリズム〉の危険性です（同上）。

　暴露的ジャーナリズムのターゲットには、歴史の負の遺産だけでなく、正の遺産もなりえます。たとえば、ヒトラーとナチズムに反対し抵抗した闘士や、英雄と評されるような賞賛すべき人びとを、神話化された存在から引きずり下ろそうとするとき、暴露的ジャーナリズムは、現在（戦後）の規準から見れば歴史的制約を受けていた部分や、ナチスと関わらざるを得なかったという事実の一端を指摘し、そもそも無垢の天使のような人間など存在するはずがないにもかかわらず、彼らは完全には潔白ではなかったと、鬼の首を取ったように主張するわけです（六以下、六〇六）。

　暴露的ジャーナリズムには、意図があります。事実の確認や認識というレベルに留まらずに、歴史評価や価値判断までも左右します。たとえば、ナチ党の活動と関わっていた事実があり、またドイツ式の敬礼で「ハイル・ヒトラー」と言っていた人物の場合、その内面の考察が必要です。つまり、生粋のナチスがする「ハイル・ヒトラー」と地下抵抗運動に従事する人物が偽装してそうする行為とでは、外見上同じに見えても、中身が全く異なることを理解しなければなりません[10]。同じに見える両者の内面の違い、行為の持つ意味の違いが見逃され、その区別ができない場合、安直な歴史認識と評価に至るわけです[11]。

さらにテートの眼前には、今や戦争を知らない、ナチスとは縁もゆかりもない世代が広がり、彼らは暴露的ジャーナリズム環境の中で育っています。現在という歴史の高みに立って、しかも戦後の新しい世代の倫理的価値規準で、過去を批判する歴史認識や、「十把一絡げの判断や決まり文句にしか注意関心を払わない世代」のレッテル貼りが横行している現状を、テートは憂いています（六一〇、六三五）。

テートは、こうした偏向的な歴史認識と評価、つまり自己正当化的弁明や暴露的ジャーナリズムを打破し、史実と呼ぶに相応しい歴史認識と中立公正な歴史評価を導入するために、内面史研究という方法を採り入れました。しかし、内面史研究は、決して新しい手法でもなければ画期的な方法でもありません。もちろん内面史研究という手法は、テートらしい、テートに相応しい方法です。しかし、テートにしかできない独自の方法ではありません。むしろ堅実な学術研究では、当然、採られるべき方法です。実に、内面（史）研究のない実証的研究はなく、真の実証的研究には、表面的な出来事だけではなく、必ず深く内面に分け入る内面（史）研究が伴います。

4　ドイツ教会闘争研究史におけるテートの位置づけ

戦後、ナチ時代の歴史（認識と判断）について最初に触れたのは占領軍でした。それもニュルンベルク国際軍事法廷（一九四五・一一・二〇〜一九四六・一〇・一）においてでした。そこでは（a）平和に対する罪、（b）戦争犯罪（戦時国際法違反）、（c）人道に対する罪の主要犯罪が明確にされ裁かれました。それ以降はドイツ国内で、司法の場でも社会・道徳的にも、そして学問においても、国民自身の手によって犯罪が裁かれることを期待されていました。それを執行する法廷として、テートは以下の三つを提示しています。（i）裁判所の判決、（ii）神学者を含めた教会の宣言、（iii）歴史家の歴史叙述評価です。

（i）ドイツの戦後司法を担う構成員は、九〇%以上が元ナチ党員であったといいます（六三三）。勿論そこには、確信的ナチスもいれば名目だけのナチ党員もいましたが、どういうメカニズムが働くかは想像に難くありません。裁判の行方もその結果も明らかです。裁判自体は、不遡及の原則、罪刑法定主義に則って合法的に進められました。当然、容疑者の数も量刑も限られました。

（ii）教会は戦後、東西両ドイツにおいて、ナチ政権から迫害を受けた側と認知されました。とりわけ西側では無条件の高い評価が教会に与えられました。もちろんナチス側に付いていた牧師・神学者も知られていましたが、教会には自浄能力があると信じられていました。教会は堕落することなくナチズムに歪められることもなかった唯一の制度だと理解されました。教会から離れていった大量の人びとが、戦後、悔い改めつつ、あるいは都合よく教会に戻ってきました。そして一層、教会があたかもナチズムに対して最終的に勝利したかのような感情が広がりました。しかし教会は、実際は勇敢ではなく、せいぜい機会主義的に生き延びただけだったとテートは評します（六二四）。

一九四五年一〇月にシュトゥットガルト罪責告白が出されましたが、教会内では、H・ティーリケに代表されるように、圧倒的にネガティブな反応でした。連合国側の罪責（無差別大都市爆撃、赤軍の残虐行為、ドイツ東部からの追放強制移住その他）も列挙して差引勘定しなければ、ドイツだけの罪責告白をしても意味がない。さらに罪責告白は一人一人が神の前で行う内面的な事柄だというわけです。致命的な点は、シュトゥットガルト罪責告白がユダヤ人問題についてまったく触れていないことでした（六二五）。

シュトゥットガルト罪責告白以降、告白教会内の妥協派、国民教会的遺産を継承する教会中道派の人びとは、罪責問題をもはや教会の中心的なテーマにしなくなりました。戦後ドイツの教会では、兄弟団的告白教会ではなく、国民教会的中道派が支配的になり（六二五）、次第に兄弟団的告白教会は周辺に押しやられていきます（六二六）。この流れに抗して、兄弟団的告白教会路線で闘ってきたH-J・イーヴァント、M・ニーメラー、K・バルトらの起草したダルムシュタット宣言（一九四七年八月八日）が、国民教会的中道派に対するオルタナティヴでした（六二七）。

（iii）歴史家によるドイツ教会闘争研究の叙述や評価も変遷します。最初の一〇年くらいは兄弟団的告白教会の路線で教会闘争を担った人びと（第一世代）が主流でした（六二八）。そしてその影響力は、一九六五年ごろまで二〇年間ほど続きます（三三二）。彼らの手によって多くの教会闘争の第一次資料が収集できたことは、大きな功績でした。しかし弱点は四つあるとテートは述べます。（i）単に学問的な本の制作に留まった、（ii）敵対者ヒトラーやナチズムについて研究することなく、告白教会側の闘いの叙述のみに終わった、（iii）政治学、経済学、社会学を学際的に関連付けて検討できず、現代史研究の水準にまで到達しなかった、（iv）ユダヤ人が見棄てられたことを真に総括していない点を挙げています（六二八）。自己批判的視点の欠如が、第一世代に当てはまります（六二九）。もっとも、E・ベートゲは例外です[12]。

六〇年代半ばから、教会闘争の体験をしていない第二世代（K・マイアー、F・W・グラーフ、K・ショルダーなど）による教会闘争研究が台頭します。彼らは、その間に出たおびただしい量の第一次資料や文書記録などを渉猟してきました。しかし彼らは、神学的にも歴史認識においても、国民教会的中道派を弁明する規範的尺度を採用します。するとバルメン＝ダーレム路線に立つ兄弟団的告白教会の闘いは、ラディカリズムとして切り捨てられます。何と、告白教会の足を引っ張ってきた穏健妥協派のヴルムやディベーリウス、マイザーやマラーレンス（教会的中道派）までが立派に抵抗して闘ってきたかのように見られる始末です。

こうした穏健中道派の路線が推し進められると、教会闘争における彼らの「挫折と失敗」は心理的に抑圧され、闇に葬られます。そうすると逆に、一層それらを赤裸々に暴き出そうとする、一面的でラディカルな暴露的ジャーナリズムが幅を利かすようになりました。もしこれを第三世代（山崎）の教会闘争研究とすれば、W・ゲルラッハ、H・プロリングホイアー、E・クレーなどがそれに該当します（六三〇）。

上記のように教会闘争の研究史を見てくると、一方において自己批判の欠如と自己弁明・正当化のために行われる隠蔽、他方において現在という歴史の頂点から下される批判の両極が認められます。テートは、批判的であることが必要であると同時に、当時の状況や人びとに対する理解と同情をもって（感情移入して）歴史を把握する必要があると言います（六三〇）。隠蔽や偏見や歪曲を排して、できる限り正確に歴史を把握しようとする、これがテートのいう内面史研究です。

テートは、教会闘争の研究史叙述と並行して、抵抗運動の研究史についても叙述しています。抵抗運動の研究を歴史的に見ると、第一世代の抵抗運動研究は（六三一）、関与した人たちの観点からの叙述でした。しかし、残念ながら抵抗運動の重要人物は必ずしも生き延びてはおらず、そのため、堅実な歴史研究としての抵抗運動研究があると同時に、戦後まで生き延びた人びとの願望やファンタジーに満ちた文献も、さらには「聖人伝説」と呼ばれる文献まで出てきました（六三一）。

そして六〇年代の終わり頃から、いわゆる戦争を知らない第二世代の研究者が活躍しはじめました。公文書、遺稿、文書資料が公開されて整い、彼らは資料を網羅するなど大きな仕事を成し遂げました。しかし、第一世代にとっては〈良心の蜂起〉であった抵抗を、第二世代は「権力エリートに属する人びとによる支配の利害をめぐる闘い」と捉えます。第一世代の研究者たちが、正義と法、自由と良風美俗の再建、さらに信仰と良心のための闘いや抵抗に普遍的価値を見いだしたのに対して、第二世代は、自分たちが選択採用した尺度、基準、および方法で、プロクルステスよろしく、それに合わない過去を断罪し批判してきました（六三二）。

抵抗運動の研究史の場合、ドイツ教会闘争の研究史とは違い、第二世代からすでに第三世代的暴露的ジャーナリズムが台頭しています。テート自身は、第一世代に属しますが、彼の研究は、ドイツ教会闘争研究および抵抗運動研究の歴史において、第二世代、第三世代のそれを超える研究と位置づけられます。それゆえ訳者の一人である宮田光雄氏が、「あとがき」において「本書は、今後、ドイツ教会闘争史研究のスタンダード・ブックとしての地位を確立したと言ってよいであろう」（六四二）と評するわけです。ドイツ教会闘争の研究でも抵抗運動の研究でも、今やテートの本書を無視して論ずることは不可能となりました。日本の近現代史研究においても、テートの意図を解し、内在的な内面史研究が着実に展開され、歴史の実相に迫ることができることを期待してやみません。

1　正式名は、「戦中・戦後の日本の教会　戦争協力と抵抗の内面史を探る」研究会。

2　当初の発表内容は、反ナチ・市民的抵抗運動グループ、ボンヘッファー・ドナーニー・サークルについてのテートの内面史研究を更に展開させた「H・E・テートの内面史研究——ボンヘッファー・ドナーニー・サークルの研究事例を手がかりに——」である（富坂キリスト教センター『紀要』第七号所収、二〇一七年三月三一日、八七—一一七頁参照）。

3　Heinz Eduard Tödt. ***Komplizen***, *Opfern und Gegner des* ***Hitlerregimes***. ***Zur*** *›inneren Geschichte‹ von protestantischer Theologie und* ***Kirche*** *im ›Dritten Reich‹*. Hg. von Jörg Dinger und Dirk Schulz, Chr. Kaiser/Gütersloher Verlagshaus, Gütersloh 1997.

4 補足すると、外見上は、全く違う行為に見えながら、同じ意味と価値を有する場合があることも福音書から学べます。「お前たちは、私が飢えていたときに食べさせ、のどが渇いていたときに飲ませ、旅をしていたときに宿を貸し、裸のときに着せ、病気のときに見舞い、牢にいたときに訪ねてくれた」。「はっきり言っておく、わたしの兄弟であるこの最も小さい者の一人にしたのは、わたしにしてくれたことなのである。……この最も小さい者の一人にしなかったのは、わたしにしてくれなかったことなのである」（マタイ25・35―46）。更に言えば、イエスは、しばしば安息日律法や父母敬慕の戒めを破り、ファリサイ派・律法学者と対立しています。同じ律法違反であっても、イエスの破戒が、規範を軽視する違反とは似て非なるものであることを理解するためにも、イエスの意図や目的など内面（史）研究が欠かせません。

5 ドイツ連邦共和国（西ドイツ）大統領のリヒャルト・フォン・ヴァイツゼッカーの父。その兄に、数学者・哲学者のカール・フリードリヒ・フォン・ヴァイツゼッカーがいます。

6 兄とは違い、医師である弟のヴィクトール・フォン・ヴァイツゼッカーの場合は、暴露的ジャーナリズムに利用された例であることをテートは検証しています（四）。

7 テートは、ドナーニーが一九三八年まで法務省の体制内に残って「よりいっそう悪いものを阻止するために何をした」のかを内在的・内面史的に検証しています。ドナーニーは（ⅰ）「ナチ刑法の改革を阻止し」、次に（ⅱ）「権利を剥想された者を救助し」、最後に（ⅲ）「職務日誌（ナチの犯罪カタログ［ツオッセン文書］）を作成していた」ことを明らかにしています（四九以下）。

8 歴史家論争に関しては、山のように文献がありますが、まずは徳永・清水・三島他訳『過ぎ去ろうとしない過去』（人文書院、一九九五年）を参照。ノルテやハーバマスの他、M・シュテュルマー、J・フェスト、A・ヒルグルーバーらの主張も収録されています。

9 ドイツで問題になった〈歴史修正主義〉の問題ですが、実はドイツだけではなく、日本でも同じ問題を抱えています。実際、戦争責任問題では、一九九〇年代後半頃から、いわゆる「新しい歴史教科書を作る会」が日本版の歴史家論争を提議しているように見えます。軽く一蹴するのではなく、内在的に内面史研究の成果と照らし合わせたいものです。

10 フランスが降伏した一九四〇年六月一七日、ボンヘッファーは、国防軍防諜部の嘱託として抵抗運動に参画しようとしていました。国内がドイツの勝利に興奮して「世界に冠たるドイツ」を謳歌する中、暗澹たる将来を悲観していたベートゲに言いました。「気でも狂ったのか、お前も腕を上げて〈ハイル・ヒトラー〉と言え」と。その後ボンヘッファーは、「これからは、こんな敬礼のためではなく、もっと別の事柄のために危険を冒さなければならなくなるだろう」と語っています（森野訳『ボンヘッファー伝』四巻四頁以下[DB765]）。

同様のことは、あえてSS将校になり、ナチスの舞台裏の現実（ユダヤ人や障害者の抹殺）を直視し、バチカンや諸外国に情報を提供し、最後はフランス占領軍に捕らえられて、獄中で謎の死を遂げたクルト・ゲルシュタインについても当てはまります（五五五以下）。テートやフーバーは、ほとんど顧みられることのないゲルシュタインの名誉回復を図っています。拙訳、W・フーバー「神の遣わした密偵　クルト・ゲルシュタイン顕彰」（『福音と世界』二〇〇五年一一月号所収）、アールント・ホルヴェック「人間学的・神学的認識の基本問題　クルト・ゲルシュタインの生涯の歩みと証言行動を手がかりに」（四国学院大学大学院『社会学研究科紀要』六号、二〇〇六年三月所収）、ハンス＝ゲオルク・ホルヴェック「クルト・ゲルシュタインを記念して人間的理解を超えた人物」（四国学院大学『論集』一三五号、二〇一一年七月所収）を参照。

11 告白教会は、第三帝国の最後までナチスに統合（同質化）されることのなかった組織と考えら

12

れています。もう一つの、一九四四年の七月二〇日事件（ヒトラー暗殺クーデタ）までナチスの機関に統合されることのなかった組織は、国防軍です。国防軍にいた軍人の全てが抵抗運動に従事したわけではないように、告白教会に残っていたメンバーであっても、その内面史を研究していくと、告白教会内の兄弟団的告白教会と穏健的妥協派は異なっており、当然その歴史的評価も変わってきます。

テートのベートゲに対する評価は高い。ボンヘッファーを最もよく理解しその思想を継承するベートゲが、何とアメリカでホロコーストめぐる議論において、ユダヤ人から厳しいボンヘッファー批判を受けました。その後、彼は教会や聖書解釈に引き継がれてきた反ユダヤ思想を歴史的に再検討し、ラインラントでユダヤ人との連帯の基礎を築きました。そして六項しかない「バルメン神学宣言」には、ユダヤ人と連帯する第七のテーゼが必要であったと語っています（六二九）。

共同討議

1　はじめに

戒能信生　最初に、この内面史研究会の目的をもう一度確認したいと思います。二番目に、研究員の皆さんの発表を振り返ってみましょう。それぞれの発表において、内面史研究という観点から考えたときにどういう問題や困難があったかということをお話ししていただきます。その上で三番目に、そこから取り上げられる内面史研究の課題について総合的に話し合いたいと思います。

2　内面史研究会の目的――決めつけ・レッテル貼りではなく

最初にこの内面史研究会の目的を再確認しておきましょう。単純に「戦争に協力した」「戦争に抵抗した」という二項対立的な分け方、これを「十把一絡げ」と私は言っていますが、そういう「決めつけ」や「レッテル貼り」ではなくて、戦時下をくぐり抜けた人々の実像になんとか迫りたいと考えてきました。その場合の困難は、文字資料・文献の問題です。戦時下において書かれた文書がたくさん残っています。そういう文字資料に依拠して議論を進めると、その人たちの内面の葛藤とか悩みとかが見えてこないという問題が起こります。これは第一回の発題のときにも申し上げましたが、戦時下において日本ＹＷＣＡ会長であり、日本基督教団の婦人局長であった植村環が書き残している文書は、一見すると時局に迎合したようなものがたくさん残っています。しかし一方で、インナーサークル、柏木教会の教会員や、あるいは信頼できる仲間内の人々には、極めて時局に批判的な言説があったという証言が残っている。植村環を研究された荒井英子さんは「植村環は二人いたのか」と書いていました。つまり、そこで文字資料と記憶の証言が食い違うことになります。記憶は変容することがありますから、研究としては当然文字資料を重んじることになります。しかし果たしてそれで、その人の内面を捉えきれるだろうかという問いが残ります。

また、戦時下を生き抜いた日本人キリスト者を、在日のキリスト者、あるいは朝鮮本国のクリスチャンたちはどう見ていたかという問題があります。それは、日本の植民地とされた台湾や、満洲、そして中国人のキリスト者がどう見ていたかという問題につながります。さらに言えば、女性や子どもたちには大人たちの言説や振る舞いがどのように映っていたのかという観点からのアプローチはこれまで手が付けられていませんでした。資料が残っていない、あるいは文書と証言との乖離という困難に、そのようなアジアの他者の眼、女性や子どもたちの視点は、一つの可能性を開くのではないでしょうか。

こういう問題意識の背景にはH・E・テートの内面史研究があります。ドイツ教会闘争研究においても、ナチスへの抵抗者か協力者かという十把一絡げの捉え方ではなく、一人一人の内面に分け入って学際的な内面史研究で補う以外ないということを、この研究会でも四国学院大学の山﨑和明さんをゲストとしてお招きして講演していただきました。この報告書にも、山﨑先生の発題を掲載させていただきました。

3　方法論的困難

さて、それでは、それぞれの研究発表について、皆さんの問題意識や、苦労された点をお話しいただきたいのですが、内面史研究という場合、何と言っても資料の不足という困難が先ずありますが、その点で矢吹大吾さんはいかがでしたか。

矢吹大吾　私は東京大空襲で亡くなった廣野捨次郎牧師を取り上げたのですが、資料があったとしても、結局一九四〇年、一九四一年以降のものはあまりない。いわゆる公になった文章はあるんですけども、手記のようなものは皆無に等しい。遺稿集『おもいでのよすがに』の中にあるものしかない。だから、廣野牧師が戦中、何を考えていたかを知ろうと思っても、それはほぼ不可能。むしろ、それ以前の、入信から献身に至るまで、そっちのほうに重点を置かざるを得ませんでした。あるいは、第三者の証言を積み上げることによって人物像を浮かび上がらせるということにならざるをえない。けれども、それは内面じゃないと言われるかもしれません……。

戒能　皆さんは、そういう内面史研究の資料不足についてはどうでしたか。

徐正敏　私の場合は、例えば今回用いた資料は警察や検察、裁判所の「審問調書」ですが、普通に考えると、警察官を前にして、あるいは裁判官を前にして信仰者が自分の心からの真実、内面の信仰についてどのくらい真剣に話せるかという問題があります。一般的に言えばいろいろなプレシャーがある条件ですね。またその調書が作成されるプロセスでどのように変更されるかも分からない。するとそのような資料に、信仰者の本当の真実が記されているかどうかは分からないでしょう。するとどうしたらいいのか。資料についての分析と検証が必要になります。そういう様々な条件を考慮しながら、資料を分析していけば、そこから彼らの真の心、彼らのそのときの信仰を明らかにできる可能性ももちろんあります。資料をスクリーニングして、何とかそこから歴史的な人物の本音というか、内面を掘り出す、そういう尺度が必要じゃないか。そういう研究者の基準があるなら、なんとか資料の問題は乗り越えることができると思います。

戒能　徐正敏先生は研究発表の中で、これまで神社参拝の問題が注目されてきたけれど、むしろ天皇崇拝のほうが信仰者にとっては深刻な問題だったのではないかという点を指摘されていました。研究する側の枠組みだけでは捉えきれないという問題を提起されています。

徐　もちろん神社参拝の問題を自分の信仰の主要な基準として受け止めた人もいます。神社参拝の問題でいろいろな苦痛を負った人々も多いですね。でも今回、この研究会でアプローチしたホーリネスの朴允相（パク・ユンサン）とか、長老教会の代表的人物である孫良源（ソン・ヤンウォン）などのような人たちは、神社参拝の問題で抵抗したとされてきたのですが、実はそうじゃないですね。実際には神社参拝はそんなに問題ではなくて、天皇崇拝反対、歴史観、末世論などの問題が中心です。今までの歴史研究の認識では外側の流れだけを見て誤解されたものもいっぱいあるということを考えさせられました。

4　宣教史資料の問題

李省展　神社参拝の関連でいうと、渡辺祐子さんも取り上げた宣教師資料ですが、神社参拝反対派の意見がアメリカのミッション・ボードの本部で取り上げられているんです。手紙や報告書の中にそれが残っています。さらに言うと、後からになりますが、インタビューしたものが存在する。ですので宣教師資料は実に多様で、内面に迫ることのできる資料が数多く存在しています。植民地下の朝鮮で、実際、学生生活はどうであったのか、その当時抵抗した人たちの心情はどういうものであったのかをめぐる記録があるのです。方法論的困難という点では、現代日本の状況でショックだったのは最近の「森友・加計問題」を挙げざるをえません。官僚によって、都合の悪い資料を改竄されたり破棄されてしまう。これをやられると、何が本当にあったのかが分らなくなる。それから文字資料が焼却されてしまうという問題もあります。実際に、戦争が終わったときに朝鮮総督府で一週間くらい煙が上がり続けて、不都合な資料はすべて焼却されてしまっているのです。日本国内もそうでしょう。そうしておいて、資料がないと言う。そういう問題がありますね。ということは文字資料のみに頼る歴史研究には一種の限界性が伴います。ですので研究者にも謙虚さが要請されると思うんです。それから忘れるということがありますね。人間にとって、忘れることはある面ではハッピーなことかもしれない。全部覚えていたら大変ですから。しかし記憶をアウトプットするのか死蔵するのかという問題がある。記憶があるにもかかわらず語らない、あるいは語りたくないという人たちもいるでしょう。そう考えると記憶にも限界性があり、内面にどこまで迫れるかという、記録と記憶のそれぞれの限界性とそれを歴史研究でどう取り扱うかという問題が存在しているのではないでしょうか。

渡辺祐子　宣教師資料といっても、様々です。伝道局への報告、議事録など公的な資料が膨大に存在する。さらに、「満洲国」政府当局の検閲を避けて、帰国する宣教師に託された手紙などもあります。中国側の資料については、地方ごとに、その地方の歴史を編纂した地方志という資料があり、その中に宗教史という項目が入っています。しかしそれは統治者側の観点からまとめられている。事実確認のためには使えますが、史料批判が不可欠です。

戒能　資料が徹底的に不足している中で、宣教師資料の存在は大きいですね。例えば、満洲における日本の布教とか伝道の活動をイギリスなどの宣教師たちはどう見ていたのでしょうか。

渡辺　日本人による伝道のデータを網羅するほど詳細なものはありませんし、宣教師たちが接触する範囲ででではありますが、日本人の様子を実によく観察しています。論文にも書いたように、そこには日本人自身が書き残したものとは異なる日本人伝道者の姿が記されています。

戒能　髙井さん、台湾の宣教師資料研究はどうなっていますか。

髙井ヘラー由紀　台湾では、いわゆる「宣教師研究」あるいは「宣教師資料研究」という発想はあまりないです。宣教師を英雄視した本はたくさんありますが。語学的な問題なのか、台湾内の研究者で宣教師の書いた手紙を苦労して読もうとする人はほとんどいないように思います。せいぜい宣教師の母国で発行された印刷物を参考にする程度だと思います。数年前に「宣教師の目を通して見た中国と台湾」というシンポジウムがありましたが、それもやはり、宣教師資料を通して当時の中国や台湾の歴史を探るというアプローチであって、宣教師資料そのものを精読するといった研究はあまり深まっていないという印象ですね。

徐　その点で、日本と韓国のキリスト教史研究には反対の側面がありますね。反対というのは、日本はキリスト教史の研究がほんとに少ないですが、韓国には多くの研究者がいるということです。そして韓国では日本と異なってキリスト教史の分野において、いわゆる「史観」の問題に敏感ですね。それからキリスト教史研究の分野で、早い時期は宣教師たちによる研究があります。宣教師たちが韓国キリスト教の歴史研究のパイオニアと言えます。でも、それは結局、宣教師が宣教師資料を使って書いたものですね。その後の韓国のキリスト教史研究では、韓国人研究者を含めて宣教師資料を使った研究を「宣教師史観」であると批判して、韓国内部の資料を使うという傾向性が生まれました。言わば「民族教会史観」的な観点を大事にする立場です。このような雰囲気もあって、宣教師資料に対するネガティブな見方もあります。もちろん宣教師資料には、おっしゃるとおり、細かいところまで記録が残っているし、客観的な歴史資料としてはすぐれた面もあります。でも、宣教師たちはその後宣教地を離れますね。歴史の苦難の場での本当の意味での当事者ではないのです。宣教師資料は、客観的な資料と言えるかも知れませんが、それは日本のこと、朝鮮半島の実際の状況におけるその内面まで表現する資料になるかという問いが残ります。ということで、逆に宣教師資料には内面史資料についてちょっと歪な点があるとも言えるでしょう。

渡辺　ただ、決定的に資料がない中で、宣教師資料はやはり重要です。限界はありますが、その使い方が大事ですね。

大久保正禎　私の場合はたまたまですが、戦時下に「みくに運動」という日本的基督教の運動を起こした今泉源吉という人物を取り上げました。文字資料は比較的多くあるのです。彼は日本的基督教の運動を始める前から、日本基督教会の主流にコミットしていて、その中で若手の牧師たちの運動に関わっていて、そこにもたくさんいろいろな場面で寄稿をしています。あるいは昭和初年の宗教法案に対する反対運動などにも法律家として主導的に関わっていたということもあって、文字資料は豊富にある。ただ従来、日本的基督教の研究をしようとしたときには、日本的基督教の言説そのものを分析するということが多かったわけです。そうすると、そこからはほとんど意味あるものは出てこないんです。いわゆる国策に同調した言説が羅列されているだけです。たまたま、この今泉源吉に関しては、それ以前の言説というのが比較的多様にあったものですから、日本的基督教を主導するようになってからの言説とのギャップといいますか、その変遷を追うことによって、戦時下のこういう国策同調的な流れにどうやって辿り着いていったのかということを少し追えるのではないかと考えました。ただ、やっぱり残っているのは公的言説なんですね。日本的基督教を唱導するようになっても、もちろんそれはやっぱり雑誌に寄稿している公的言説ですから、その中にあからさまに自分自身の内面の変遷を語る言葉は出てこないわけです。変遷をたどる中で、その間をつないで類推していくしかありません。ただ、この今泉という人は、自分が影響を受けた部分を、割と率直に書いているので、この人が誰からどういう影響を受けて、どう変わっていったかということは比較的に追いやすい。ただ、そこで気がついたのは、この人は結局キリスト教そのものから出て行ってしまったわけです。でも、戦時下の日本基督教団の中で国策に沿って教団運営を担った人で、戦後もキリスト教界に留まった人たちの方が、逆に見えにくいのです。そこをどうたどって行くかが、一つの問題点と言いますか、これからの課題として考えさせられました。

今回、私が取り上げたのは今泉源吉と、それから森明、そして高倉徳太郎といった人たちですが、いずれも生まれた時期が似ていて、そんなに年は離れていない。そしてこの世代は、いわゆる煩悶青年の世代と言えます。青年時代に近代的自我の問題での煩悶の中からキリスト教に救いを見出していくわけですが、今戒能先生がおっしゃったように、それが跳ね返されてしまう。でも、それをどう突破していくかといったときに、やはりキリスト教と天皇制という問題にぶつかっているのです。この問題は、ある意味でこの時代の日本人の二本柱なんです。

明治の最初の第一世代のキリスト者たちは、この二本柱、キリスト教と天皇制を並列させていた。第一世代の人たちは、天皇制が人工的に作られたものだということをある程度体験的に知っているわけです。ところが第二世代の人たち、つまり明治憲法以後の世代、あるいは教育勅語以後の世代になると、もう生まれたときから天皇制が確固たるものとして存在していたわけです。もう出来上がったこの二本柱の中で成長していった。すると、自分が煩悶したり葛藤したときに、やっぱり一つのよりどころである天皇制の方に飲み込まれて行ってしまうという要素があったのかなという気がするんです。天皇制の顕教と密教ということが言われますね。同じように、第一世代のキリスト者の中には「顕教キリスト教」と「密教キリスト教」があったと思うのです。彼らはある意味で「顕教キリスト教」においては天皇制をそれなりに受け入れるのですが、「密教キリスト教」においては天皇制を拒否するわけです。しかし第二世代になると、この密教の部分はもう見えなくなっちゃっている。そしてキリスト教と天皇制の二つの壁を突破しよう頑張って、葛藤し煩悶して、日本的基督教の方に行ってしまったのではないかと、これは後から思った次第です。

上中栄　ホーリネスの場合は、第二世代の指導者たちを、ホーリネス弾圧の裁判資料で追いかけることになります。それには訊問調書類と上申書があり、比較的知られている調書類には、信仰的な闘いと読める文言があります。しかし上申書には、天皇を崇敬し、国民儀礼や神社参拝を行っているといった、信仰的には挫折と言える言葉が並んでいます。弁護士の示唆を割り引いても、こちらが本音に近いのではないかと思っています。こうした事柄が、教会の戦争責任として取り上げられます。しかし問題なのは、そこにあまり葛藤が感じられないことです。本気で天皇とキリストのために生きたように見えるのですが、それはなぜか。天皇制の影響が考えられますが、それだけなのか。さらに問題と思われるのは、歴史を振り返る者が、戦時下と現在の公権力を批判することができ、こうした戦時下の教会の罪責を問うこともできるのですが、自らを省みることに葛藤しているかということです。日本の教会は、戦争責任についてドイツの教会から多くのことを学んできたのですが、何か罪責感と遊離した感じがする。そこで少し角度を変えて、背徳（インモラル）と無道徳（アモラル）という概念を借りて、罪責感について再考してみたいと思ったわけです。充分にまとめるには至らなかったのですが、罪責感をめぐる葛藤の問題は、自分にとって大きな課題です。

戒能　今話題に出た国民儀礼は、神社参拝そのものではありませんが、礼拝の前に宮城遙拝をした。それから礼拝したという現実があります。問題は敗戦後、八月一五日以降になっても多くの教会で国民儀礼は続けられているんです。秋頃まで、あるいは翌年の春頃まで続いている。韓国や台湾の教会では八月一五日の次の日曜日には国民儀礼なしの礼拝を喜びをもってささげている。その違いは決定的です。だから、少なくとも国民儀礼は、多くの日本人キリスト者にとって葛藤がなかったんですね。そのことを韓国や台湾の教会でインタビューしたときに痛切に感じました。強制された側は痛みをもって覚えている。しかし内発的に受け入れた側は、忘れてしまっているという事実があるんです。

徐　そういう点でいえば、やはりそのときの彼らの内面を我々が考える際には、残っている文書のいろいろな表現とか、その時代の記録とか、それも大事です。しかし問題は、その後彼らがどのように弁明し、どういう行動をしたかです。例えばですよ、神社参拝をやった牧師たちの弁明は、自分たちは強制されたと言うんです。確かに外面的に見ると、神社参拝をしたように見えます。しかし自分たちの心はキリスト教の神様にお祈りしていたと。神様はどこにでもいらっしゃるから、その神社にも神様がいらっしゃると。神様に自分たちは礼拝したと弁明します。一部本当のことかもしれません。しかし、それが彼らの内面が実際にどうであったかは分かりません。我々が歴史研究者として、どういうふうにそれを評価したらいいのか。それが問題なんです。

もう一つ申し上げたいのですが韓国の長老教会のある教派があります。保守的で正統を強調する有名な教派です。基本的に神社参拝を拒否した人々が集まって戦後に設立した教会です。けれども、最初のメンバーは全員神社参拝に反対した人々でしたが、その後の韓国長老教の激しい分裂のプロセスで、すぐに勢力拡大だけにその関心と基準が変更されてしまうのです。あなたが神社参拝したかどうかは関係ない、自分のグループを支持するかどうかが問題になってしまうのです。ですから、今も我々にとってその教団は、神社参拝拒否とその精神でやってきたとされているんですが、本当にそのように評価しても大丈夫なのかという面もありますね。それが韓国（朝鮮）戦争があった一九五〇年代以降はもっと曖昧になってしまって、その教派のメンバーの中でどのくらいの人々が最後まで神社参拝に反対したか本当に分からなくなりました。ですから、戦後彼らがどういう行動をしたかによって最終的な評価をすべきではないかと思います。

逆にですね、神社参拝をした人たちの中で、自分の行動について涙を流しながら告白して、自分はとんでもないことをしてしまった、自分はもうクリスチャンとしてのアイデンティティーを失ってしまった、俺はもう神様の前に、教会のメンバーの前に立つことは出来ないと、自分の罪をどうするかも分からない悔悟した人もいるんです。そのような人のほうが反対に、クリスチャンの内面として正しいかもしれないし、すごく美しいじゃないかとも思います。人間らしいじゃないかと。

戒能　髙井さん。台湾の研究の中では、特に台湾の教会を守る意識が日本人教会の側では濃厚だったというふうに指摘されていますが、そのあたりを中心にちょっと話してください。

髙井　はい。日本人の教会と台湾人の教会の関係は五〇年間でさまざまに変化をしていくのですが、最初は割と対等な関係から始まって、日本人キリスト教徒は台湾教会の会堂を礼拝に使わせてもらったり、日本人教会設立の際に宣教師や台湾人キリスト教徒から献金という形での経済的支援を受けるなど、さまざまな形で助けてもらっている。そういう中で、台湾人キリスト教徒との関係も、少なくとも有力なキリスト教徒とは対等だった。その時代から、植民地統治の同化政策の流れの中でどんどん日本人の優越的な地位が確立されていく中で、対等な関係が築けなくないことがはっきりしたのが一九一〇年代くらいですね。両者の関係が疎遠になる時期がしばらく続いて、一九三〇年代に「内台融和」というスローガンが唱えられるようになると、日本人キリスト教徒は、改めてスローガンに乗っかる形で台湾人キリスト教徒に自分たちの動きに入ってこないかと働きかけていくようになります。その時期はキリスト教に対する風当たりが強くなり、特に台湾教会は英国とカナダの宣教師とのつながりがあったので、まさに敵国「英米」との関わりを疑われ、危機感が高まっていた時期でした。それで特に北部のキリスト教徒を中心に、日本の教会と連携することによって危機を乗り切ろうという気持ちがあったんです。最終的には日本のキリスト教と手を繋ぐのが自分たちの身を守る最良の方法だと。そこで日本基督教連盟とか、同じ長老派の日本基督教会など、日本内地のキリスト教に助けを求めていくんです。でも台湾教会の日本基督教連盟加入は実現しなかったし、日本基督教団にも入れてもらえなかった。それは台湾教会が南北合同を果たしていないことが原因だと説明されましたが、本当の原因はわかりません。台湾にあった日本人教会の台湾教会に対する意識としては、自分たちの教会の方が神学的知的に成熟し進んでいるという意識は絶対にあった。それが台湾人の教会を守る意識に変わるのは、日本基督教団発足後に台湾の教会が加入できず、一九四四年に「日本基督教台湾教団」が設立される段階です。これは、その設立に関わった台北組合教会の塚原要牧師の戦後証言資料に述べられています。戦前の台北組合教会関係者の戦後日本での集まりで、ご本人が「これはやっぱり話しておいたほうがいいだろう」ということで実際に語った内容を録音し、テープを起こした手書きの原稿です。塚原牧師は関係者の方々を前に、率直に、どういう経緯で台湾総督府文教局長から台湾の教会を軍部の手から守るようにと依頼されたかを証言したものです。その証言をどこまで信じて、どのように解釈するか、という問題はありますが、そういうプロセスがあったということがある程度分かる。実はその局長さんは西村高兄といってクリスチャンでした。もう一人、その局長さんと一緒にきた、宮本延人という宗教調査官も、組合教会の中心的メンバーである三井夫妻の娘婿でした。そういう中で、教団を作りなさいという話があって、日本人牧師たちはいろいろ知恵を絞って考えた結果、すでに加入している日本の基督教団を脱退せずに、自分たちが台湾で台湾教団を設立して加入することによって台湾教会を守ろうという決断した。あえて「二重教会籍」を選んだわけです。でも、同様の教団は台湾以外でも設立されたわけですから、他のところはどうなのかを考えると、朝鮮や中国占領地のケース、満洲のケースなどを考えると、当然それぞれの場所で全く同じような話があるはずはないだろうと思います。すると台湾だけで「教会を守りなさい」という依頼があったのか、あくまでも教会を守るために教団を設立したのか、という問題が出てくる。ただし、その証言や、私がインタビューした方々の言葉や、いろいろな回想や文章を読むと、日本人牧師たちは一様に、仮に台湾の方々に誤解されていたとしても、自分たちは本当に台湾の教会を守り切ったんだという意識がある。でも、その「守る」意識というのは、やはり日本人独特のものだというふうに私は思っています。内地であろうが外地であろうが、日本の牧師たちには教会を守らなければいけない、教会の信徒たちを守らなければいけないというような、何かそういう家父長的な感情や意識が強く根底にあったのではないか。それがあまりにも絶対のものだったので、相手がそれを好むかどうかにかかわらずその気持ちを台湾の教会に当てはめた。仮に相手がそれを悪く思ったとしても、一〇〇パーセント悪いわけではないというような意識があったのではないかと思います。

戒能　ありがとう。徐正敏さんにもお聞きしたいのですが、朝鮮にも日本基督教団朝鮮教会ができるわけですから、そこで朝鮮にあった日本人教会が受動的に朝鮮のクリスチャンと教会を守るためにやったとはとても言えないのではないでしょうか。

徐　もちろんそうです。

髙井　朝鮮教団についても少しだけ書いたので思い出したんですが、結果的にそれぞれの植民地や占領地で日本のキリスト教の教団ができていくプロセスは共通しているので、その辺は確かに何らかの統一した指示があったんだろうとは思うんです。でも、台湾の場合には文教局長がクリスチャンであって、どこまで本当か、はっきりは分からないけれども、確かに教会を守る意識が働いていた気はします。「守りなさい」と言われたという証言があることを考えると、台湾の場合には教団設立という強制的命令を、台湾教会を日本人の立場から守る最良の方策として利用した、という側面はあったかもしれません。

5 「歴史修正主義」に陥る危険性

戒能 今回の共同討議にあたって、李省展さんから、内面史研究という方法が歴史修正主義に変質してしまわないかという厳しい問いがありましたが……。

李 こういう内面を語れる場って日本の中では珍しい。なかなか少ない場所だと思う。しかし日本の戦争の史跡であるとか、それらに伴うさまざまな言説だとかありますが、結局モノローグに終ってしまっているのではないかと思われます。日本内でのモノローグというか、その領域で留まってしまっている。それが本当に残念です。あるいはモノローグではなくても、それらが歴史修正主義に繋がりかねないという議論が起こってくる余地がある。後に反省の契機になったり、一つの論議の基盤になったりすればいいのですが、必ずしもそうならない。何ていうかな、それが他者にどういう影響を及ぼすかとか、植民地の住民にとってどうなのかという想像力が決定的に欠けているのではないか。この国は同質性が高い文化の中で、仲間内で理解し合って、その後はなあなあみたいな雰囲気がある。だから、徐正敏さんが言われていたように、研究者は価値観を伴った判断を下していかなければならない。戒能先生、このことについてどう思われますか。

戒能 内面史研究が歴史修正主義に陥ってしまう可能性を指摘されて、驚きました。そういう危険性もあるのかと問われる思いでした。例えば、先ほど髙井さんが言われた点ですが、戦時下の苦境にある台湾の教会を守るためにという言い方がなされます。日本の社会では「善意」とか「良かれと思って」という言い訳というか説明があります。例えば満洲帝国の樹立だって、五族協和の東洋の理想という言い方がなされていて、その意識は現在でも生きています。キリスト教会の例では、武藤富男さんのように主観的に満洲に託した夢や理想を、一九七〇年代になってもとくとくと語っています。

徐　ちょっと別の観点ですが、大部分のことは共感しながら、少し違う見方もあるのではないかと思います。歴史というのは基本的にコンテキストであるし、状況とケースによって異なりますね。例えば同じ時代、朝鮮半島の人々と、日本のクリスチャンたち、満洲、台湾の人々の状況と認識が、全部ばらばらになるのは当然だと思います。これを全部一つの観点でまとめて、お互いに理解できるようなものが歴史の中で整理できるとか、我々がそれを可能にするとか言うと、それはちょっと無理ではないでしょうか。私の今までの経験からいうと、やはり歴史というのはコンテキストが大事なものですから、どのコンテキストの観点からこれを、歴史のなかの一人を大事に見るかが重要なのです。歴史も人々も実は個別のものですね。だから、考えたんだけど、日本人の意識の中で天皇制イデオロギーとか、自分の国に対する独特のものがありますね。現在の観点からそれを考えると見えてくるところがあるんじゃないでしょうか。今、韓国の「太極旗部隊」とか、保守的なクリスチャンたちが、「太極旗」を掲げて街頭に出て文在寅政権に対する抗議デモをしています、アメリカの国旗まで持ってね。我々から見るとおかしいんですけど、彼らはあんまり違和感がないようです。現在の朝鮮半島のクリスチャン、その中七〇％は状況認識がとんでもない人々ですよ。今日、保守的なクリスチャンの団体から声明書が出たんです。文在寅大統領は辞任せよという声明です。彼らもクリスチャンですよ。彼らはあくまで北朝鮮を敵視し、戦争しても構わないと考えています。逆にいえばね、そういうことが今現在もあるのに、日本の植民地末期、例えばファシズムの時代に何か通じるものを歴史家の目で見て解析しなければならないでしょう。ですから、私は結論として、研究者の役割が本当に大きいんだと思います。我々がどういう史観から、どういう観点から、どういうスタンスからこういう資料を読んで、分析することができるか。これによって歴史の整理とか、これが他の人々に何の意味があるかをやはり研究者の立場から突き出していく必要があるのです。

実は、高井さんは今台湾からスカイプでこの討論に参加されていますよね。私が最初に台湾に行ったとき、台湾の高齢のクリスチャンたちと話をする機会があったんです。私はまだ若い研究者だったのですが、台湾と我々韓国とは同じ歴史経験があるので心が通じると思いました。我々は双方とも日本の植民地の経験がありますからね、それで、日本に対していろんな恨みあるでしょって尋ねたら、おばあちゃんたちは「いやいや、日本、大好きです」。このおばちゃんたちは台湾人のクリスチャンとして自分は今でも讃美歌だけは日本語で歌えますと言う。大陸から来た人より日本人は優しいし、日本人は我々の人権を守るし、我々を助けたと。本当に大好きですって。自分は今も日本語は忘れない。そういう反応で、「ああ、そうですか」と聞きながら、私はショックを受け、台湾と朝鮮半島が同じ日本帝国の植民地であったという歴史をどう考えたらいいのか、つくづく考えさせられました。

高井　徐正敏先生のお話に対してなのですが、台湾のクリスチャン、あるいはクリスチャンでなくても、皆さん親日というのは当たっている部分とそうでない部分があって、台湾というのはみんなが同じではないんです。やはり、エスニックな多様性がすごくあるところなので、日本人を恨んでない人というのは閩南語を話す台湾人、一応漢族と言われている人たちです。日本人からいじめられたときは嫌だったかもしれないけれども、戦後に国民党が来て本当にひどい経験をしたというので、特に親日になってしまったジェネレーションです。多分、徐正敏先生がお会いになった方々は、終戦時にはまだ若かった方々だと思うんです。あるいはまだ子どもだったか。

徐　そうですね。

高井　そしてその後、国民党によって自分たちの将来が本当に奪われたという恨みがある人たちです。そういう中で形成された記憶だということです。多分その前のジェネレーションは決してそんなふうには感じていなかっただろうというのが、私の中にはあるんです。国民党と日本の植民地統治の両方を経験した閩南語話者というのは、特に年齢層が下がるほど、日本の記憶が懐かしいという傾向が確かにあります。でも、原住民はやっぱり違うんです。原住民の人たちももちろん日本人にいじめられた色々な嫌な思い出を持っている人がいっぱいいます。「日本人はでも、そんなに悪くなかったよ」という人たちは確かに多いんですが、原住民の人たちは、日本人が来る前から漢民族にいじめられていたし、日本人の後に来た国民党も酷かったし。原住民の人にとって一番嫌なのは、閩南語話者の漢族です。だから、恨みの対象がそれぞれに違う。それでもやっぱり原住民の人たちのほうが、日本人にひどく屈辱的な扱いを受けたということを口にする人が多いです。もちろん韓国の人ほどでは全然ないんですけれども。徐正敏先生が話した方たちとはまた違うだろうと思います。

徐　もちろんです。私がそのときの経験した、おばあさんから聞いたものだけを先ほど紹介したんですが、それ以後、台湾のことを簡単に考えてそのように思ってはおりません。心配しないでください。でも、韓国も同じですよ。ばらばらですね。全然別の経験もあります。いろいろなもので、いろいろなスペクトルがあるから、台湾も同じだと思います。そういう個々人のプライベートな経験によって、歴史的な印象と自分の歴史に対する意見が違うと思います。ありがとうございます。

6　研究会を振り返って——今後の課題

戒能　最後に、皆さん、一言ずつ。この内面史研究会の三年間の経験をとおして、今後それぞれ皆さんの研究活動の中で、この経験をどのように生かしていくことができるか。将来に向けての課題を一言ずつ話していただきたいと思います。

私は李省展さんが研究発表の時言われた「良心の問題」を考えさせられています。すぐに連想したのは、新島襄の死ぬ直前の言葉なんです。「良心の全身に充満する丈夫の起こり来たらんことを」と同志社の若い学生たちに語りかけている。そういう「良心」という言葉が、現在のこの国ではほとんど死語になっているのではないか。これからの内面史研究の課題として、この「良心」という言葉はキーワードになるのではないかと考えさせられています。

上中　さっきの歴史修正主義にならないかという指摘については、どうなんでしょうか。
戒能　留意するしかないと思います。
上中　やっぱり留意するしかないですかね。
戒能　どういう方法論にしたら歴史修正主義にならないかということは、明確には言えないんじゃないでしょうか。
上中　その場合にもある程度の基準のようなものがないんでしょうかね。内面史研究会について、周りからそんなこと出来っこない、歴史研究に内面なんて有り得ないと言われて。それを説明するのが結構大変でした。
戒能　だからこそ、学問的方法としてこれまで内面史研究がなかったんでしょうね。ドイツ教会闘争研究においても、膨大なアーカイブと研究蓄積がある中で、人の心の内面や葛藤の実相が分からないぞとなったんです。だから、方法論的にも未熟だし、まだまだこれからの課題だと思っているんですけどね。
上中　その歴史修正主義と私たちが違うというのは、どういうところでしょうか。
戒能　先ほどの徐正敏さんの発言に即して言えば、神社参拝したかしなかったかに焦点をおくのではなく、神社参拝をしたとしても、その後その事実をどういうふうに自分の内に取り込んで言葉化し、そして本当に悔い改めの涙をもってその事実を自分に突きつけていったかこそが問われるんじゃないんでしょうか。
徐　私は昔からそういう考えはあったんですが、基本的に我々歴史研究家として、何を中心に資料を読んで評価するかということです。戒能先生は「良心」という言葉を言われましたが、私は「告白」ということが大事だと考えています。もちろん素晴らしい人生、素晴らしい思想、素晴らしい経歴をもっていた人物もいくらでもいると思います。反対に、とんでもない苦しい時代に、自分の利益のために、あるいは名誉のために働いた人間も歴史的にはいくらでもいるんです。そういう中で、これが我々歴史家として何を基準として評価しなければならないか。こういうことを考えるときに、どんな基準でそれを見るかということで、これまでは、この人は神社参拝したとして非難され、この人は神社参拝を拒否して殉教して亡くなったと賞賛されるという具合でした。しかしこれからは内面史研究として、我々がもうちょっと広げて考えなければならないと思います。考えるべきだということは、この人が神社参拝したかどうか、天皇崇拝をしたかどうかが第一段階としては大事かもしれないけど、次にこういう自分の行動について歴史の流れの中で告白したか、どのようにそれを自ら省みて、自分の内面のこと、あるいは隣の人々の共同体の動きを反省して告白したかを追跡してみることが大切になります。これは言い過ぎるかもしれませんけど、現在、日本の歴史的な責任に対して一部の韓国の歴史家たちは、日本が歴史の中で何々をしたかももちろん大事ですが、日本がそういう歴史の責任感をどのように表現してどのように実行したか、それがもっと大事だと思っています。そういうのは後の行動と実践に出てくるんです。だから、クリスチャンも同じだと思います。クリスチャンでも完璧に罪がない人はいないし、そういう人々の次のステップがどういう姿であったか、罪があるかどうかではなく、クリスチャンとしてどのように自らの罪を告白してきたか、そういうことで歴史を見る観点はないかなと。それをずっと考えております。

渡辺　告白と聞き、「撫順の奇蹟」を思い出しました。「満洲国」時代、炭鉱で知られた撫順に、反満抗日分子を収監する監獄がありました。敗戦後、ここが戦犯を収容する施設、戦犯監理所に衣替えして、多くの日本人戦犯が収容されたのですが、彼らは長い時間をかけて自らの侵略行為を反省し、残虐行為のすべてを告白する記録を書き残しました。彼らが反省を経て真人間になったという意味で、このプロセスは「撫順の奇蹟」と呼ばれています。ひるがえって、キリスト教界の指導者の場合はどうだったんでしょうか。例えば満洲で牧師をしたり布教していた人たちは、戦後何も書いていません。完全に沈黙しているように思われます。告白していないんです。その沈黙が何を意味しているのかを考えていく必要もあるかもしれません。

戒能　沈黙ということの意味について、実は満洲基督教開拓団の研究をしたことがあるんです。賀川豊彦が主唱して、日本基督教連盟の事業として始められ、それを日本基督教団が受け継いで、総計二六〇名余のクリスチャンたちが満洲に送られる。そしてその半分しか帰ってこなかった。しかし賀川を初めそれを推進した人たちは、戦後ずっと沈黙していた、何も言わなかった。ところが、その元団員たち、言わば被害者たちも、帰国後ほとんど沈黙を守る。しかしこの二つの沈黙の意味は違うと思うんです。元団員たちは、引揚げの時ものすごい地獄を経験してきて、その実際の経験は容易に他人に話せるようなことじゃなかった。推進した側の沈黙とは意味が違う。

上中　僕が調べたホーリネス史の中でも出てきます。函館で亡くなった小山宗祐の教会の人たちの沈黙と、家族の沈黙、戦後のホーリネス系教会の沈黙がありますね。でも、それは全然違う立場の沈黙だと思う。そういう意味で奥が深いなとは思いましたけどね。だから、そっとしておいてほしいという人に話せって言うわけにもいかないし。それは難しいところですよね。

戒能　僕が満洲基督教開拓団の事実を掘り起こして、それで研究者としての役割は一応終ったんだと思っていました。ところが、団員として亡くなった人の娘さんが手紙をくれたんです。その中に、政府の外郭団体の平和記念事業基金というところから、小泉純一郎首相の名前で戦時犠牲者として感状をもらったと言って、その大きな感状のコピーが送られてきたんです。ようやく国に認められましたって書いてあった。僕はそれでショックを受けた。このままではいけない。それで賀川記念館を説得して、「賀川豊彦と満州基督教開拓団」という特別展示をするんです。その初日に、遺族や元団員を招いて、そして日本基督教連盟の議長と日本基督教団の議長が出席して謝罪したんです。つまりそれが告白とか責任の表明ってことにつながるんじゃないんでしょうか。キリスト教会が謝罪も責任の表明もしないところに、国家が代わりに偽りの慰めを与えるって構造はヤスクニと同じじゃないかと思ったんです。

渡辺　あの展示はそういう意味があったんですね。

大久保　日本的基督教というのは戦時下のあからさま

な加害ですよね。日本的基督教の内面史を書くということは、戦争体験の内面に分け入り、それを理解しようとする作業になる。でも、それは戦争協力の責任を免罪する理解じゃないということは銘記しなければならない。むしろ戦争とは無関係に営まれていた神学的営為がいかにして戦争協力へと結びついていったか、その内的変遷をたどることによって、そうした動向への抵抗力を養うことが大事なのではないかと思う。つまり、彼らの内面をたどることによって、人間としての自分の体験として受け止め直すことができるのではないか。そうすることによって、自分にもあり得ることとして捉えることができるのではないか。その上で、あのようにならないために何が必要なのかということを考える一つのきっかけにもなるのではないか。これまでの戦時下の、とりわけ日本国内の戦争責任ということでは捉えているんだけれども、「これをやった」「あれをやった」と指摘し、要するに「これがいけない」「あれがいけない」ということに留まっている。しかし、これからは、その中で人間がどう変遷していったかを内面に分け入って考えてみなければならない。やっぱりそこまで分け入ってみないと、私たち自分自身の問題・課題として本当に受け止めることができないのではないか。今の満洲のことにしてもそうですよね。私はほんのわずかな部分で勉強をしてきた者ですが、朝鮮や台湾や、あるいは満洲の状況をいろいろと勉強させていただく中で、日本の中だけのこととして捉えていてはいけないということを思いましたし、とりわけ日本的基督教に至る以前の段階で、それこそキリスト者がいろいろ葛藤しているわけだけれども、その葛藤の中に日本が植民地支配をしている朝鮮や台湾や満洲のことは全く入っていないんです。自分たちの内面では一生懸命に煩悶し葛藤しているんだけれど、その外でもっとしんどい思いをしている人のことなんて全く眼中にない。日本のキリスト教という非常に閉鎖的な中ですごく葛藤しているだけ。この研究会で、朝鮮や中国、満洲、台湾のことを勉強させてもらい、そういう視点を与えられました。

李　「内面史研究」と聞いて最初は「何だろう?」と

思いました。かなり批判的に考え、だからどうなるのかという疑問もあったんです。内面史というのを自分なりに考えるのが結構大変で、それにどういう可能性があるのかと考えさせられた。しかし、いざ自己の歴史研究を振り返ってみると、これまでと違う何かが触発される部分があって魅力があるなと感じました。今、歴史解釈は大きく変わってきている。いろいろな大きな物語が、マルクス主義もそうですね、冷戦構造と共に一気に崩れていく中で、社会史的な観点など新たな歴史へのアプローチが出てきました。そんな中で私が考えさせられているのは、history of emotion という歴史方法論です。いろいろな立場の人たちが参入してきている。そういう中で歴史というものを本当の意味で人間が人間である核心、良心とかそういう部分から考えていく必要があるのではないかと。

戒能　高井さんもこの内面史研究会をとおして考えさせられたことを最後に一言お願いします。

高井　内面史研究で最初に戒能先生からいただいた課題が、台湾のクリスチャンたちはどう考えていたのか、ということでした。それまでは台湾にいた日本人牧師たちの内面については割と考えてはいたんですが、今回は台湾の人たち、台湾側の教会やクリスチャンのことを理解することを目的として調査をしてきました。でも正直、全然分からないというところですね。まず日本人的な内面の葛藤とは、何か少し違うのではないかと感じていることと、あとやはり、戦後の政治状況の中で内面を押し殺してきたのではないかと思うんです。つまり、内面を語るというても、もともとの民族的な（といっても多元的ですが）性格が全体的として日本人のように内省的ではないということにプラスして、内面を語っちゃいけないという時期が長かったんですね。そういうような理由から、なかなか内面が推測しにくいのと、あとは資料の問題ですね。戦前の資料となると、日本の資料と宣教師資料が圧倒的に多い。教会ローマ字表記（閩南語）の『台湾教会公報』には台湾現地伝道者の記事もあって、それを言説分析した研究もあるわけですが、内面に踏み込む意識は希薄ですね。内面史研究を本当にできる人がいるとしたら、やはりまず台湾語が十分に分からなければいけない。自分はそれをどこまでできるか。台湾の人たちというのは、微妙な皮肉だとか、普通に読んだらちょっと分からないような台湾語の表現方法で本音を出したりするらしいんですけど、そこまでは自分は到底読み込めない。また台湾では、日本教育を受けたか、国民党教育を受けたか、民主化以降の教育を受けたかによって、ジェネレーションギャップがすごくあるので、たとえ台湾語が流暢で教会ローマ字の資料を読めたとしても、もっともそういう人も今ではすごく少ないですが、仮に読めたとしても、その当時の人たちが書いたことを、今の世代の人たちがどこまで読み込めるのかなという疑問はあります。日本時代の人たちのメンタリティーはその次さらに次の世代の台湾人には、同じ台湾人でも分からないというところがあるんですね。ですから、内面を探っていくという作業は非常に重要でありながら、厳しい。今後どういうふうに研究が進んでいくか。研究が前進することを期待しているんですが、自分にはこれ以上無理かなという部分はあります。でも、そういうことができる人材を育てる方向で貢献したいなと、そんなところです。

戒能　どうも長時間ありがとう存じました。髙井さんも台湾からスカイプによる参加でご苦労様でした。これで共同討議を終ります。

二〇一八年一〇月二六日（金）一七時―二〇時、富坂キリスト教センター一号館一階会議室にて。

出席者＝戒能信生（座長）、大久保正禎、上中栄、徐正敏、髙井ヘラー由紀（台湾からSkypeで参加）、李省展、渡辺祐子、矢吹大吾（担当主事）、岡田仁（総主事）

寄稿者紹介

戒能信生（かいのう・のぶお）

研究会座長。一九四七年愛媛県生まれ、東京神学大学を経て立教大学キリスト教学科卒、元・日本基督教団宣教研究所教団史資料編纂室長（一九九五〜二〇〇五年）、現在、日本基督教団千代田教会牧師、農村伝道神学校、日本聖書神学校講師、共編著『日本基督教団史資料集』Ⅰ—Ⅴ（日本キリスト教団出版局、一九九七—二〇〇〇年）、『ラクーア　その資料と研究』（キリスト新聞社、二〇〇七年）、『戦時下のキリスト教』（教文館、二〇一五年）、他。

大久保正禎（おおくぼ・まさよし）

一九六九年生まれ。日本聖書神学校卒業後、日本基督教団京葉中部教会牧師を経て、現在日本基督教団王子教会牧師。論文「戦時期『国体』思想と『日本的基督教』」前編・中編（日本聖書神学校紀要『聖書と神学』25号　二〇一三年、『同誌』26号　二〇一四年）。「戦後・日本基督教団と沖縄の関係」（『戦後七〇年の神学と教会』新教出版社　二〇一七年所収）。

上中　栄（かみなか・さかえ）

一九六四年兵庫県生まれ。東京聖書学院卒業。元・日本ホーリネス教団歴史編纂委員会。現・日本ホーリネス教団旗の台教会、元住吉教会牧師。共著に『十五年戦争期の天皇制とキリスト教』（新教出版社、二〇〇七年）、『ホーリネス信仰の形成』（日本ホーリネス教団、二〇一〇年）、『日本の「朝鮮」支配とキリスト教会』（いのちのことば社、二〇一二年）、『戦時下のキリスト教』（教文館、二〇一五年）他。

矢吹大吾（やぶき・だいご）
研究会担当主事。一九八三年生まれ。二〇〇九年三月、同志社大学大学院神学研究科博士課程前期神学専攻歴史神学研究コース修了。現在、日本基督教団太田八幡教会牧師。

徐正敏（そ・じょんみん）
韓国生まれ。韓国延世大学卒業、同志社大学博士。元延世大学教授、現在、明治学院大学教授、同キリスト教研究所所長。著書『日韓キリスト教関係史研究』（日本キリスト教団出版局、二〇〇九）、『韓国キリスト教史概論』（かんよう出版、二〇一二）、『日韓キリスト教関係史論選』（かんよう出版、二〇一三）、『韓国カトリック史概論』（かんよう出版、二〇一五）ほか多数。

李省展（い・そんじょん）
一九五二年、東京生まれ。国際基督教大学大学院比較文化研究科、修士。立教大学大学院キリスト教学研究科論文博士（文学）。恵泉女学園大学名誉教授。単著：『アメリカ人宣教師と朝鮮の近代』社会評論社、二〇〇六年。共著：『講座 東アジアの知識人第三巻―「社会」の発見と変容 韓国併合～満州事変』（第五章「安昌浩」担当）、有志社、二〇一三年。『アジア研究の来歴と展望（岩波講座 東アジア近現代通史 別巻）』（東アジア研究のフロンティア「キリスト教と社会」担当）、二〇一一年、ほか。

高井ヘラー由紀（たかいへらー・ゆき）

一九六九年生まれ。国際基督教大学博士課程修了。学術博士。明治学院大学非常勤講師などを経て、現在台湾基督長老教会南神神学院神学研究所助理教授。主要業績は「日本統治下台湾における台日プロテスタント教会の〈合同〉問題　」（『キリスト教史学』第五九集、二〇〇五年）、「日本植民地統治期の台湾ＹＭＣＡ運動史試論」（『明治学院大学キリスト教研究所紀要』四五号、二〇一二年）、共著に『傳教士筆下的大陸與台灣』（國立中央大學出版中心、二〇一四年）他。

渡辺祐子（わたなべ・ゆうこ）

一九六四年福島県生まれ。東京外国語大学外国語学部を経て、同大学大学院地域文化研究科博士後期課程修了。学術博士（東京外国語大学）。現在、明治学院大学教員。日本キリスト教会宇都宮松原教会会員。論文「華中伝道の祖　グリフィス・ジョン　試論」『明治学院大学キリスト教研究所紀要』（二〇一四年）、「「満洲国」における宗教統制とキリスト教」『明治学院大学キリスト教研究所紀要』（二〇一九年）、共著『はじめての中国キリスト教史』（かんよう出版、二〇一六年）、他。

山﨑和明（やまさき・かずあき）

一九五三年大阪市生まれ。大阪市立大学法学部卒、同研究科博士課程修了。法学博士（東北大学）。一九八三から二〇一八年まで四国学院大学勤務。同大学名誉教授。Ｅ・ファイル、Ｅ・ベートゲ、Ｋ・Ｄ・ブラッハー、Ｈ・Ｅ・テートの下でＤ・ボンヘッファーおよびドイツ教会闘争の研究。著訳書に『Ｄ・ボンヘッファーの政治思想』、Ｅ＆Ｒ・ベートゲ著、宮田・山﨑共訳『ディートリヒ・ボンヘッファー』（共に新教出版社刊）など。

協力と抵抗の内面史

戦時下を生きたキリスト者たちの研究

2019年6月1日　第1版第1刷発行

編　者……富坂キリスト教センター

発行者……小林　望
発行所……株式会社新教出版社
〒162-0814 東京都新宿区新小川町 9-1
電話（代表）03 (3260) 6148
振替 00180-1-9991
印刷・製本……モリモト印刷株式会社

ISBN 978-4-400-21326-0　C1016